Usama Al Shahmani

Im Fallen lernt die Feder fliegen

Zu diesem Buch

Aidas Freund lässt nicht locker, wenn es um ihre irakische Herkunft geht. Er will wissen, warum ihre Familie geflohen ist, doch Aida hat keine Antworten für ihn. In ihrer Not beginnt sie zu schreiben, was sie nicht sagen kann, lässt ihre Gefühle in arabische Buchstaben und deutsche Worte fallen. Geboren in einem iranischen Flüchtlingsheim, kam sie mit ihren Eltern und ihrer großen Schwester in den Westen. Doch was ihr zur Heimat wurde, blieb ihren Eltern stets fremd. Als Aidas Vater beschließt, in den Irak zurückzukehren, müssen die Schwestern mit – und werden empfangen von einem Land, mit dem sie nichts verbindet. Usama Al Shahmani erzählt vom Fremdsein, vom Ankommen, vom Zurücklassen. Und von diesem einen Fenster der Hoffnung, das sich niemals schließt.

»Usama Al Shahmani gelingt es, vielschichtig von der großen inneren Anstrengung von Flüchtlingen bei ihren Integrationsbemühungen zu erzählen. Und letztlich überwindet er selbst die Mühsal des Exils durch das Verschmelzen der arabischen mit der westlichen Kultur im Erzählen.« *Taz*

Der Autor

Usama Al Shahmani (*1971 in Bagdad) hat arabische Sprache und moderne arabische Literatur studiert. Er publizierte drei Bücher über arabische Literatur, bevor er 2002 wegen eines Theaterstücks aus dem Irak fliehen musste und in die Schweiz kam. Er arbeitet heute als Dolmetscher und Kulturvermittler und übersetzt ins Arabische. Für sein Werk wurde er mehrfach ausgezeichnet, u. a. mit dem Terra-Nova-Schillerpreis und dem Förderpreis der Stadt Frauenfeld, wo er auch lebt.

Im Unionsverlag ist außerdem lieferbar: *In der Fremde sprechen die Bäume arabisch*

Mehr über den Autor und sein Werk auf *www.unionsverlag.com*

Usama Al Shahmani

Im Fallen lernt die Feder fliegen

Roman

Unionsverlag

Die Erstausgabe erschien 2020 im Limmat Verlag, Zürich.

Im Internet
Aktuelle Informationen, Dokumente und Materialien
zu Usama Al Shahmani und diesem Buch
www.unionsverlag.com

Unionsverlag Taschenbuch 992

Neptunstrasse 20, CH-8032 Zürich
Telefon +41 44 283 20 00
mail@unionsverlag.ch

Reihengestaltung: Heinz Unternährer
Umschlagbild: Panther Media GmbH (Alamy Stock Photo)
Umschlaggestaltung: Peter Löffelholz
Druck und Bindung: CPI – Clausen & Bosse, Leck
ISBN 978-3-293-20992-3

Der Unionsverlag wird vom Bundesamt für Kultur mit einem
Verlagsförderungs-Strukturbeitrag für die Jahre 2021–2024 unterstützt.

Nilgans

Daniel setzte sich auf einen Platz am Fenster und schaute mich durch die Glasscheibe an. Es war ein rätselhafter Blick, etwas gequält und bohrend. Er löste bei mir eine Traurigkeit aus, die mich beunruhigte. Wir schwiegen, bis der Zug abfuhr. Tief wünschte ich mir, dieser Augenblick möge andauern. Doch es würde nichts ändern. Solche Momente hatten mich noch nie zum Reden gebracht.

Vieles über mich kann Daniel nicht verstehen. «Es macht mich wahnsinnig, wenn du minutenlang vor dem Fenster stehst, regungslos wie ein Nagel in einer Wand. Ich weiß nicht, was ich mit deinem stummen Warten anfangen soll», hat er einmal gesagt.

Jetzt herrscht Leere in unserer Wohnung. Zum ersten Mal seit Jahren habe ich bemerkt, dass das Geräusch des Bestecks beim Essen genauso klingt wie damals im Flüchtlingsheim. Plötzlich habe ich meine Einsamkeit gespürt, ihre scharfen Zähne haben aus jeder Ecke gebleckt und mich durch die ganze Wohnung verfolgt. Im Schrank bin ich auf die Rose gestoßen, die er mir zum siebten Jahrestag unserer Beziehung geschenkt hat. Sie ist trocken. Ihre Farbe ist ein tiefdunkles Rot geworden.

Plötzlich habe ich die Stimme meiner Mutter gehört, wie sie mir und meiner Schwester einmal sagte: «Ihr seid meine Rosen, euer Duft ist für mich ein Stück Paradies, das ewig hält.» Ihre Stimme hat mich wieder in diesen Raum versetzt, den ich so lange gemieden habe.

Ich habe mich vom Fenster abgewendet und mich an den leeren Esstisch gesetzt, auf dem nur Daniels Buch liegt, und meinen Laptop eingeschaltet.

Ich starre auf den leeren Bildschirm, und er beginnt sich mit Geschichten und Bildern zu füllen, von denen ich dachte, sie seien für immer verschwunden. Wie ein Spiegel, der alles sieht, ohne es aufzubewahren. Ich erinnere mich, dass mir Schreiben schon einmal geholfen hat.

Als der Zug losfuhr und ich Daniel zurückwinkte, dachte ich daran, wie ich ihn das erste Mal sah. Es war im Sommer 2010 im Kreuzlinger Seeburgpark. Ich war im ersten Lehrjahr in der Mediathek der Pädagogischen Hochschule in Kreuzlingen, er war an der Pädagogischen Maturitätsschule. Manchmal verbrachte ich meine Nachmittagspause am See. Einmal war auch er da, mit einer Gruppe von Klassenkameraden. Er war groß, hatte kräftige Hände und strahlend blaue Augen.

Er näherte sich der Bank, auf der ich saß, und fragte: «Stört es dich, wenn ich mich hier setze?»

«Nein», sagte ich und schaute in die Ferne, der blaue Himmel verschmolz mit dem Blau des Sees. Ich spürte, wie ich tiefer atmete, als würde meine Lunge größer werden. Wir schauten in dieselbe Richtung, aber das, was uns beschäftigte, waren bestimmt ganz unterschiedliche Dinge.

«Arbeitest du in der Bibliothek? Ich habe dich oft dort gesehen», begann er.

«Ja, ich mache da meine Ausbildung.»

«Schön ... Darf ich mich vorstellen? Ich heiße Daniel.»

«Ich bin Aida», antwortete ich zögernd und presste mich an die Lehne. Ich wollte eigentlich gehen, tat es aber nicht. Stattdessen atmete ich noch tiefer und suchte nach Halt im weiten Blau.

«Ich dachte, du seist Spanierin. Habe ich recht?», fuhr er fort.

«Spanierin?», antwortete ich mit einem fragenden Lächeln.

«Ja, ich weiß nicht, du siehst ein wenig so aus. Darf ich dich fragen, woher du kommst?»

«Ich bin ursprünglich aus dem Irak.»

«Aha, der Irak. Interessant. Hast du Familie hier?»

«Nein.»

«Lebst du hier ganz allein?»

«Ja, meine Eltern leben im Irak», antwortete ich genervt, ich packte meine Sachen in meinen Rucksack und sagte knapp: «Ich muss jetzt gehen.»

Er wünschte mir einen schönen Tag und blieb sitzen.

Auf dem Weg zurück zur Bibliothek beobachtete ich einen Mann, wie er mit seinem Kind spielte, singend gingen sie vor mir her. Ich hörte meine Mutter singen: «In meinem Herzen befindet sich ein Garten, alle seine Bäume sind mit Früchten beladen, wie süß sind die Früchte, wie reich bin ich an Geschichte, du bist meine Allerschönste.»

Damals lebte ich in Frauenfeld in einem Flüchtlingsheim nur für Frauen. In diesem Heim waren noch zwei andere arabischstämmige Frauen: Maisem aus Algerien und Dane aus Syrien. Beide Frauen waren kaum älter als ich und eng miteinander befreundet.

«Araber in der Schweiz haben gute Gründe, einander kennenzulernen und Freundschaft zu schließen. Wieso bist du uns gegenüber so reserviert? Willst du nicht einmal ein Wochenende mit uns verbringen? Du wirst es nicht bereuen», sagte mir Dane zwinkernd.

Sie rauchte Haschisch im Zimmer und hatte deswegen Probleme mit der Hausleiterin. Dies auch, weil sie beim Schlafen das Licht nicht ausmachte. «Ich will mich an der Dunkelheit, die ich erleben musste, rächen», sagte sie auf Arabisch.

Auch Maisem hatte es nicht leicht; wiederholt beschwerten sich die Mitbewohnerinnen, weil sie ständig sang. Sie sang auf Arabisch, aber weder ich noch Dane verstanden ihr Arabisch wirklich. «Singen macht glücklich. In jedem Lied ist ein Gedicht oder ein kleiner Trost zu Hause», meinte sie.

Ich verstand sie nicht, aber ihre Haltung zur Heimat erinnerte mich an meinen Vater. «Zu Hause konnte ich nicht mehr schlafen, wenn meine Mutter nur schon mein Bett etwas verschoben oder mein Kissen anders gerichtet hatte. Ich hätte nie gedacht, dass ich einmal aus meiner Heimat fliehen müsse und nun selbst so weit verschoben bin.»

Als ich nach dem Treffen mit Daniel nach Hause kam, saßen Dane und Maisem in der Küche. «Wir machen Tabouleh, magst du mit uns essen?» Wir sprachen eine Art Hocharabisch, um uns zu verständigen.

«Nein, danke. Ich habe im Zug gegessen und bin müde», antwortete ich und ging die Treppe zu meinem Zimmer hoch.

Am nächsten Morgen ging ich zufrieden zur Arbeit. Das Sonnenlicht glänzte über der Stadt, die Stille der letzten Nacht war verflogen, es war, als würden die Vögel ihre Lieder mir vorsingen. Am Nachmittag sah ich Daniel in der Bibliothek wieder. Er holte ein paar Bücher, und bevor er den Raum verließ, lächelte er mir zu.

Einige Zeit später aßen wir gemeinsam zu Mittag. Die Gespräche mit ihm halfen mir weiter mit meinem Deutsch. Wir sprachen und lachten über Witze, die Lehrkräfte der Schule verulkten, unser Lachen flog über den See.

Beim Abschied fragte mich Daniel: «Wie oft verreist du in den Irak?»

Die Frage überrumpelte mich, ich blieb einen Moment still. Dann gab ich ihm die Frage zurück: «Darf ich dir etwas sagen?»

«Natürlich.»

«Ich rede nicht gern über meine Familie oder meine Herkunft. Bitte versteh mich nicht falsch, aber ich will einfach nicht danach gefragt werden.»

«Sicher doch. Ich wollte dir nicht zu nahe treten.»

Ich nahm seine Entschuldigung an, bedankte mich und ging.

Die Treffen mit Daniel häuften sich, und jedes Mal fühlte ich mich glücklicher. Eine Hoffnung leuchtete auf wie ein Weizenfeld unter der irakischen Sonne. Ich begann, mich wieder über kleine Dinge zu freuen.

Er lud mich zu einem Fest an seiner Schule ein. Er erschien in traditionellen Appenzeller Kleidern und sah lustig aus. Sein Hut glich dem Barett der päpstlichen Schweizergarde. Er war der Attraktivste und Coolste in seiner Gruppe. Nach der Feier stand er hinter einem großen Tisch und stützte seine Hände auf ein großes, dickes Buch, als ob er einen Eid ablegen wollte. Er blickte mir tief in die Augen, wie in einer theatralischen Szene. Dann sagte er: «Aida, ich liebe dich.»

Es war ein ungeheurer Satz, der mich erfasste wie ein Bergbach, rasend und geheimnisvoll. Er beglückte mich, aber auf einmal überkam mich ein schlechtes Gefühl. Meine Lippen wurden trocken. Mir fiel Vater ein, wie er vor unserer Rückkehr in den Irak mit Mutter sprach, an einem Samstagmorgen, sie waren in der Küche, Nosche und ich auf dem Balkon.

«Unsere Töchter könnten den westlichen Lebensstil annehmen. Was, wenn eine von ihnen sich mit einem jungen Mann trifft? Wenn eine unserer Töchter eine Lesbe würde? Welche Schande! Was bleibt von meinem guten Ruf übrig, wenn eine mir nicht mehr gehorchen würde? Du musst mir helfen, in unser Dorf zurückzukehren, bevor es zu spät ist!»

«Ja, ich helfe dir», antwortete meine Mutter und schenkte ihm Schwarztee ein. Was hätte sie sonst sagen können? Aber sie wollte ohnehin in den Irak zurückkehren.

Daniel starrte mich an. Ich blieb ruhig.

«Du musst nichts sagen», lächelte er mich an. Ich lächelte zurück.

Unsere Beziehung hatte schon neun Jahre gehalten, als er wieder mit meiner Vergangenheit kam. Konnte das für unsere Zukunft von Belang sein? Ich hasste es, wenn er mich mitleidig anschaute, mich als Opfer sah. Dass ich über die Vergangenheit nicht reden kann, drängt mich noch mehr in diese Rolle.

Im Kern seiner Fragen empfand ich eine unangenehme Neugier, mir kam es dann vor, als sei er nur der Ethnologiestudent und nicht mein Freund. Er hörte nicht auf, und schließlich spürte ich seine Fragen körperlich. Ich ärgerte mich. «Beim Schwimmen und wenn man sich ärgert, ist es besser, wenn man den Mund hält», sagen die Iraker.

Kurz darauf saßen Daniel und ich abends vor dem Fernseher. In einer Dokumentation drangen Männer der Terrorgruppe IS mit Äxten, Hämmern und anderen Gegenständen in ein Museum in Mosul ein, um wertvolle Schätze zu zerstören.

«Die Zivilisation, die Kultur der Menschheit schreit unter den Schlägen dieser Terroristen. Es macht mich traurig, dass die ganze Welt diese Bilder sieht und nichts dagegen unternimmt», kommentierte Daniel verzweifelt.

«Ja, vor ein paar Wochen habe ich ein berührendes Buch für die Bibliothek katalogisiert; die Autorin schildert, wie der IS Dörfer der Jesiden angreift. Es sind schreckliche Szenen. Sie brachten die Männer um und nahmen Frauen als Sexsklavinnen mit. Für hundert bis tausend Dollar wurde eine Frau auf einem ‹Frauenmarkt› in Mosul zum Verkauf angeboten, je nach Alter. Frauen zwischen fünfzehn und zwanzig behielten die IS-Anführer für sich.»

«Das ist in der Geschichte nicht einmal neu. Man kennt das von Kriegen im Mittelalter oder von noch früher», antwortete Daniel. Er interessierte sich für die Jesiden im Irak und fand es vor allem sehr merkwürdig, dass es im Jesidentum, im Gegensatz zu vielen anderen Religionen, kein Glaubensbuch gab.

«Es ist bemerkenswert, dass ein Glaube, der fünftausend Jahre alt ist, sich nur durch mündliche Überlieferungen halten konnte», sagte er verwundert.

«Ja, sie sind aber ein bisschen radikal, auch wenn sie kein Buch haben», entgegnete ich.

«Wie meinst du das? Sie haben doch keine heiligen Bücher, die die Freiheit einschränken könnten. Ihre Religion ist durch Erzählen und Reden entstanden. Jede Generation, wenn nicht jede Person in der Geschichte dieses Glaubens, hat ein Stück gebaut, egal, ob klein oder groß, Hauptsache, jeder war und ist ein Teil der Erzählung. Ich finde das sehr demokratisch.»

«Ja, schon. Aber du darfst nicht vergessen, dass man zu diesem Glauben nicht übertreten darf. Man wird als Jeside geboren, und es müssen auch beide Eltern Jesiden sein. Eine Heirat über die Glaubensgrenze hinweg ist nicht erlaubt und kann schwere Folgen haben; ich kenne dazu eine traurige Geschichte», antwortete ich.

«Ja, aber auch bei euch Muslimen darf die Frau keinen Mann, der nicht Muslim ist, heiraten, oder?»

«Ja.»

«Ich bin kein Muslim.»

«Und? Ich bin nicht religiös.»

«Ja, ich weiß, aber ich frage nur. Was würden deine Eltern sagen, wenn sie wüssten, dass du mit mir lebst und mit mir auch Kinder haben möchtest? Wie würden sie das aufnehmen?»

«Ich weiß es nicht, keine Ahnung, aber ich glaube, sie wären nicht glücklich», sagte ich in der Hoffnung, das Gespräch zu beenden.

«Würden sie ihr Enkelkind anerkennen oder nicht?»

«Ich weiß es nicht, Daniel. Du fragst nach einem Enkelkind, das weder da noch unterwegs ist. Alles, was ich dir sagen wollte, ist, dass ich die Religionen mit ihren Dogmen für etwas Radikales halte, egal, ob sie Bücher haben oder nicht. Das ist alles, was ich dir sagen wollte. Es hat nichts mit unserer Beziehung zu tun. Ich habe mich selbst aufgeklärt, und wir beide sind liberale Menschen. Ein Kind von uns bräuchte nicht unter dem Schirm einer Religion zu stehen. Und für mich persönlich brauche ich keine Lehren der Geschichte, um mein jetziges Leben zu begreifen. Verstehst du?»

«Ja, ich verstehe alles, außer, dass du dich sofort aufregst und eine Verteidigungshaltung einnimmst, wenn wir miteinander ein bisschen über deine Eltern oder deine Identitäten als Araberin oder Muslimin reden. In meinen Augen bist du auch radikal, weil du alles verschweigst.» Mit diesen Worten verließ er das Zimmer.

Wie ein Dieb, der auf frischer Tat ertappt wurde, schwieg ich. Ich ertrug es nicht mehr. Seit einigen Monaten erwähnte er immer und immer wieder den Irak und die Flucht meiner Familie. Wieso spürte er nicht, wie ich darunter litt?

Ich wünschte, ich könnte einige Teile aus meiner Geschichte ausradieren und andere einsetzen. Ein Wind aus meiner Vergangenheit hat Worte aus meiner Sprache gerissen und sie an einen fernen Ort getragen. Arabische Worte, die ich einst beim Abendtee zu meiner Familie sagte. Worte, für die es in anderen Sprachen keine Übersetzungen gibt und wenn, dann nur kalte und seelenlose.

Am 5. Oktober, am Tag vor Daniels Abreise, frühstückten wir gemeinsam. Wir saßen auf dem kleinen Balkon unserer neuen Wohnung im Quartier Gundeldingen. Daniel hatte darauf beharrt, in diesen Teil von Basel zu ziehen.

In Gundeldingen treffe ich immer wieder auf die verschiedensten Menschen, darunter auch auf solche, die meinen Alltag bereichern und mich fröhlich machen. Das war selten im alten Quartier, wo wir etwa drei Jahre gelebt hatten. «Dort waren wir beide fremd», meinte Daniel einmal. Zu den Nachbarn fanden wir keinen Kontakt. Außer sich im Treppenhaus zu grüßen und zwei Worten über den Schlüssel zur Waschküche gab es nichts mitzuteilen. Das einzige Mal, dass jemand mit mir plauderte, war vor dem Haus. Eine ältere Dame wohnte mit ihrem Hund allein in der Wohnung unter uns und trug immer faszinierende Hüte. Die Hüte waren nicht das einzige Bemerkenswerte an ihr. Sie hatte makellos gepflegte Hände, die sanft über das Treppengeländer glitten. Die immer wechselnden, aber geschmackvollen Farben auf ihren Fingernägeln wurden betont von ihrem alten Schmuck. Prunkvolle Ringe und Armreifen umschmeichelten ihre runzeligen Hände, die jetzt die Hundeleine fest im Griff hielten.

«Ich bin nicht gegen Flüchtlinge, aber einige bestehen darauf, Europa in einen Mülleimer zu verwandeln. Wir haben den Krieg erlebt und konnten Europa mit großem Aufwand wiederaufbauen. Wir wollen hier nicht alles ruinieren, weil anderswo Krieg herrscht. Ich weiß nicht, was all diese Leute hier machen. Lieben sie ihre Heimat? Warum bauen sie sie nicht wieder auf, statt sie zu verlassen? Für mich sind die Flüchtlinge Gäste hier, und irgendwann muss der Gast doch nach Hause gehen», teilte sie mir ohne Einleitung mit.

Ich war überrascht und wusste nicht, worauf sie abzielte. Ich sagte: «Wissen Sie, meine Mutter meinte, Flüchtlinge seien Gäste, und ein irakisches Sprichwort sagt: ‹Der Gast ist wie ein Fisch im Kühlschrank. Nach drei Tagen verdirbt er und beginnt zu stinken.›»

«Das ist aber gut!», entgegnete sie lachend.

«Ja, aber Gäste können auch wie Vögel sein, es gibt solche, die den Rhein lieben gelernt haben, auch wenn sie von einem anderen Fluss stammen.»

«Ja, ja, Ausnahmen gibt es immer», murmelte sie mit gesenktem Kopf, zog ihren großen, schwarzen Hund an der Leine und ging.

Unsere neue Wohnung liegt an der Hauptstraße, die zum Bahnhof führt. Diese Straße ist ein ständiger Schauplatz von Verabschiedungen und Begegnungen. Ich mag es, die vorbeigehenden Passanten oder die vorbeifahrenden Trams zu beobachten.

In der Nähe des Fensters hat Daniel den Sessel seines Vaters platziert. Da sitzt er gerne zum Lesen, aber selten sah ich ihn so in Gedanken versunken in einem Buch lesen wie in den letzten Tagen. Was fesselte ihn seit einer Woche an diesem Buch? Er merkte gar nicht, dass ich ihm Saft einschenkte.

«Ist das Buch so interessant?»

«Ja, die Geschichte ist spannend», sagt er und streckte mir das Buch entgegen.

«Lies mal diese Stelle. Es ist, als würde er von unserer Beziehung reden.»

«Meinst du das ernst? Was sollen wir damit zu tun haben?» Ich gab ihm das Buch zurück.

«Wieso? Denkst du nicht, dass unsere Beziehung kalt geworden ist?»

«Was willst du von mir?»

«Dass eine Leere zwischen uns entstanden ist, musst du auch bemerkt haben. Ich finde es nicht in Ordnung. Du weichst immer aus, wenn es um deine Geschichte geht, weißt aber alles über mich. Du bist auf der Hut und erzählst entweder gar nichts oder sehr sparsam, wie ein Politiker. Ich weiß nicht mal, wie du in die Schweiz gekommen bist.»

«Ich habe nie von dir verlangt, mir etwas zu erzählen, was du nicht willst. Ist dir meine Vergangenheit wichtiger als das Leben, das wir jetzt teilen? Interessiert dich an mir überhaupt noch etwas anderes als meine irakische Identität, die dich in letzter Zeit maßlos reizt?»

«Die Wahrheit über eine geliebte Person in der Beziehung zu kennen ist wie Sex haben. Für Bedürfnisse braucht man keine Begründung. Es beschäftigt mich, dass du nur halb mit mir lebst: mit der Hälfte deines Herzens, der Hälfte deiner Aufmerksamkeit und der Hälfte deiner Lust. Für mich gibt es immer eine abwesende Hälfte, die ich selbst füllen oder suchen muss. Es ist eine missverständliche Beziehung geworden, denn es gelingt mir nicht immer, das abwesende Stück zu ersetzen.»

Ich senkte meinen Blick. Ich hätte ihn am liebsten gefragt, ob nicht, wenn er die Geschichte meiner Familie erfahren würde, unsere Beziehung vielleicht auf eine ganz andere Bahn geraten würde. Das konnte er natürlich nicht wissen. Aber ich habe Angst vor dem, was mit unserer Liebe geschehen würde, wenn ich die Schatten der Vergangenheit hervorholte. Davor fürchte ich mich.

Daniel knetete seine Hände und starrte mich an: «Vertraust du mir nicht? Liebst du mich noch?»

«Wollen wir jetzt nicht endlich frühstücken? Ich habe extra Rösti mit Spiegelei zubereitet.»

Er fragte, ob ich etwas vor ihm verberge, was mich am Erzählen hindere.

«Bitte, Daniel, hör jetzt auf zu übertreiben! Wieso

Zeit verschwenden mit dieser immergleichen Diskussion? Lass uns frühstücken und danach auf den Markt gehen. Du musst noch deine Tasche packen. Ich verstehe sowieso nicht, warum du unbedingt nach Graubünden musst. Vier Monate am Stück, vier Monate sitze ich dann hier allein.»

Auf dem Markt sah ich eine afrikanische Frau mit ihrem Kind, wohl um die sieben Jahre alt. Das Kind hatte ein Skateboard dabei. Die Sprache der Mutter verstand ich nicht, das Kind antwortete auf Schweizerdeutsch. Es war wie bei Nosche und mir damals in Frauenfeld, wenn wir unserer Mutter antworteten. Wir wollten unbedingt zum Turnen gehen. «Nicht auf Schweizerdeutsch!», befahl sie.

Daniels Einkaufsliste abzuarbeiten dauerte zwei Stunden. Danach lud er mich zu einem Kaffee ein. Die meiste Zeit verging schweigend, er saß da mit einem finsteren Gesicht, als ob er auf Präsident Trump wartete. Wir fragten uns nicht, womit wir beschäftigt waren – spürten es aber schon. Er saß stumm da, und ich überlegte, ob ich es wirklich wagen sollte, etwas zu sagen.

«Weißt du, viele Araber meinen, dass es in der arabischen Sprache ein heiliges Geheimnis gebe, beispielsweise Wörter, die glücklich machen, und andere, welche die Trauer und das Pech vertreiben. Und wenn man ein bestimmtes Wort gemeinsam ausspricht, bringt einem das Glück.»

«Interessant. Kennst du diese Wörter?»

«Ja, natürlich. Ich bin zwar nicht abergläubisch, aber

benutzt habe ich sie schon oft. Sollen wir gemeinsam ein Wort aussprechen?»

«Ja, warum nicht.»

«Na gut, sag mit mir: *Aiin*».

«Was bedeutet das?»

«Wasserquelle.»

«*Aiin*», sagte er zweimal und musste dabei über seine eigene Aussprache lachen. Unser Lachen zerriss die dicke Atmosphäre.

«Siehst du? Das Glück kann kommen wie ein Milan, der plötzlich am Himmel auftaucht.»

Am Abend rief uns Angela, die Mutter von Daniel, an. Ich nenne sie Siri, weil sie auf alles eine Antwort kennt. Nur selten ist sie ratlos. Angela ist über fünfzig, sieht aber viel jünger aus. Sie ist schlank, hat dicke Lippen, und ihre kleinen, blauen Augen sehen hinter den Brillengläsern etwas größer aus. Die Schuhe, die sie anzieht, und die Art, wie sie sich kleidet, sind für mich ein Faszinosum. Ich war perplex über die Sammlung, als ich einmal einen Blick in ihren Schuhschrank werfen konnte.

Angela treibt fast jeden Tag Sport und geht im Sommer im Bodensee schwimmen. Sie raucht nicht und trinkt nur bei besonderen Anlässen. Anstatt fernzusehen, vertieft sie sich lieber in ein Buch, nur auf den «Tatort» verzichtet sie selten. «Mit dieser Sendung bin ich groß geworden. Ein Sonntag ohne sie ist für mich unvorstellbar. Ich könnte die Woche nicht richtig anfangen», sagte sie mir einmal.

Ihre Arbeit ermöglichte ihr ein gutes Leben, und von ihren Eltern hatte sie ein Stück Rebberg in Weinfelden geerbt, für das sie eine jährliche Pacht erhielt. Daniel erzählte mir, sein Vater habe sie verlassen, weil sie fortwährend Druck auf ihn ausübte, was man essen oder besser nicht essen sollte und wie man gesund blieb. «Ich war noch ein Primarschüler, aber ich erinnere mich gut, wie sie jeden Tag stritten. Irgendwann war es für ihn zu viel. Er verließ sie von heute auf morgen. ‹Dein Vater ist weg›, meinte sie nur, als ich sie fragte, wieso mein Vater nicht mehr zu Hause ist.» Auch Daniel musste sich regelmäßig lange Vorträge über gesundes Leben anhören, auch diesmal wieder. Sie bat ihn, ihr aus Graubünden zu schreiben.

Daniel war nicht begeistert davon, sich alle die Ratschläge anzuhören und die endlosen Fragen zu beantworten. Angela war nicht begeistert, dass Daniel, statt zum Militär zu gehen, Zivildienst leisten wollte. Er hatte die Aushebung erfolgreich bestanden, war tauglich, aber aus moralischen Gründen wollte er nicht zur Armee. Er mochte keine Waffe tragen.

Nach der pädagogischen Maturitätsschule hatte er sechs Monate Zivildienst in der Kantonsbibliothek Frauenfeld, in einem Altersheim in Kreuzlingen und im Kantonsspital Münsterlingen geleistet. Und jetzt nach seinem Ethnologiestudium in Basel musste er die letzten vier Monate ableisten. «Weil ich mehr vom Leben in den Bergen erfahren und Zeit zum Lesen haben möchte. Es ist jetzt zu spät, darüber zu diskutieren», sagte er genervt zu seiner Mutter.

«Ich weiß nicht, wie lange mich meine Mutter noch wie ein kleines Kind behandeln will.» Er legte sein Telefon auf den Tisch.

So eine fürsorgliche Mutter hätte ich gerne gehabt. Auch mein Vater war ein belehrender Erzähler und ein schlechter Zuhörer. Ich erinnere mich gut daran, wie er sich ärgerte, weil wir einen Text von ihm gelesen hatten und mehr darüber wissen wollten, ein Satz, der auf der Rückseite einer Fotografie stand, die ihn an einem Fluss zeigte. «Ich habe euch nicht Arabisch beigebracht, damit ihr mich ausspioniert!» Er hatte geschrieben: «Es geht mir nirgendwo gut außer neben dir, du Euphrat. Ich wünschte mir, ich wäre ein Olivenbaum, der von dir bewässert wird.»

Daniels Vater ist ganz anders, er ist lieber Zuhörer als Redner. Er ist ein erfolgreicher Architekt. Das gemeinsame Haus, das er selbst entworfen hat, schenkte er bei der Scheidung Angela. Er lernte eine Spanierin kennen und lebt mit ihr in Spanien, hat aber sein Büro in Kreuzlingen bis heute nicht aufgegeben.

Daniel hat viel von seinem Vater geerbt. Wenn er lacht, senkt er den Kopf zwischen die Schultern und sieht wie eine Eidechse aus. Doch beim letzten Abendessen vor seiner Reise gab es nichts zu lachen, stumm packten wir seinen Koffer. Vom Fenster unseres Schlafzimmers sahen wir den Mond mitten in der Finsternis wie einen Hafen der Hoffnung im dunklen Meer.

Nachdem alle wesentlichen Sachen, auch Daniels dicke Bücher, gepackt waren, saßen wir zusammen am Tisch und schlürften Tee.

Schließlich redeten wir über seine Arbeit auf dem Bauernhof: «Über den Winter wird auf diesem Hof viel gearbeitet, weil die junge Familie selbständiger wohnen will als in einer kleinen Wohnung im alten Elternhaus. Und die alte Wohnung, aus der sie ausziehen werden, wollen sie renovieren und als Ferienwohnung vermieten.» Er zeigte mir den Ort auf Google Maps. «Schau, Thalkirch liegt etwa tausendsiebenhundert Meter über dem Meer; ein schöner und ruhiger Ort im Safiental.»

Ich fragte, ob es möglich sei, Post dorthin zu schicken.

«Ja, ich glaube schon, es gibt ein Postauto, das von Ilanz hochfährt. Es sei denn, die Straßen sind wegen Lawinengefahr gesperrt.»

«Und Telefon?»

«Ich weiß es nicht, ich lasse mich überraschen.»

Wir schwiegen noch eine Weile, bis er sagte, dass er früh ins Bett müsse.

«Ja, du hast morgen eine lange Reise», entgegnete ich.

«Gute Nacht», sagte er und gab mir einen kalten Kuss.

Ich räumte den Tisch ab und bemerkte seinen Roman. Hatte er ihn mit Absicht auf dem Tisch liegenlassen?

Ich zog meine Joggingkleider an, um meine Strecke bis ans Rheinufer zu laufen. Meistens habe ich meine Kopfhörer im Ohr, dieses Mal nicht. Ich war beunruhigt, Daniels Worte beschäftigten meine Gedanken und füllten meine Ohren. Und sie riefen die Stimme meines Vaters in Erinnerung, die oft unerwartet kommt wie ein Fisch, der aus dem Wasser springt.

Mein Vater heißt Mansur Al Gamali. Er wurde 1959 in Abu Rajat im Irak geboren und stammt aus einer reichen, angesehenen Familie. Er studierte Religionswissenschaft in Bagdad. 1985, einen Monat nach seinem Abschluss an der Universtität, wurde er vom Geheimdienst aus dem Haus geholt, weil er im Verdacht stand, sich politisch gegen das Regime zu engagieren. Aus Mangel an Beweisen wurde er nach einem Jahr entlassen. Er zog als Soldat in den Krieg zwischen Iran und Irak, erlebte zwei Jahre lang Gräuel, Hunger und Durst an den Fronten im Süden und Norden des Landes. Nach dem Ende des Kriegs im November 1988 wurde er aus der Armee entlassen. Er fand eine Arbeit als Theologielehrer in Nadschaf und blieb dort bis zu seiner Flucht aus dem Dorf. Meine Mutter Delal Schenschul wurde im Jahr 1963 im selben Dorf wie mein Vater geboren. «Es liegt hundertsechzig Kilometer südwestlich von Bagdad und ist wie eine Oase von Dattelpalmen und Olivenbäumen umgeben», pflegte es mein Vater zu beschreiben.

Wenn er über den Irak sprach, waren seine Worte wie ein heftiger Wind, der sich plötzlich beruhigt und sich anfühlt, als würde er ein Boot sanft vorantreiben. Aber dann wütete er wieder und zerstörte alles wie ein Wirbelsturm, der sich nimmt, was er will. «Der Krieg hat in unserer Sprache seine Narben hinterlassen», sagte er einmal über den irakischen Dialekt.

Auch wenn der Krieg zu Ende ging, er trug ihn weiter in sich. Er erzählte nicht viel davon, ein paar Fragmente, mehr nicht. «Ich war im Kino, es war ein Kriegsfilm aus dem Iran. Mitten im Film musste ich den Saal verlassen. In einer Szene versuchte sich ein Soldat von der Front zu retten. Er rannte um sein Leben, und jedes Mal, wenn er stolperte, schmerzte mein Fuß.»

Von seiner Angst vor dem Wasser erfuhren wir zufällig, dass sie mit dem Krieg verbunden war: «Im Februar 1987 fand östlich von Basra die heftigste Schlacht während des Iran-Irak-Kriegs statt. Saddam Hussein nannte ihn ‹die größte Ernte›, der Iran ‹Operation Karbala›, während er im Volksmund als die Schlacht am Fluss Jassim bekannt war. Ich war Infanterist. Ich musste den Fluss überqueren. Das Wasser war rot gefärbt, und immer wieder musste ich Leichen von mir wegschieben, um mir einen Weg ans andere Ufer bahnen zu können. Es war wie ein schreckliches Märchen. Als ich wieder festen Boden unter den Füßen spürte, dachte ich mir, auch ich sei eine Leiche, mit dem Unterschied, dass ich mich noch bewegen konnte. Ich weiß nicht, wie ich überlebt habe. In dieser Schlacht wurde ein enger Freund von mir getötet. Sie hatten ihn für einen speziellen Auftrag ausgesucht. Es war ein kalter Morgen, als er mich zum letzten Mal umarmte. Mitten in der Kälte spürte ich seine warmen Tränen auf meinem Gesicht.»

Bei der Vorstellung, dass ein Fluss Leichen ausspuckte, war mir der Rhein nicht mehr geheuer, und ich kehrte um.

Als ich zurückkam, versteckte sich das Gesicht des Mondes hinter einer Wolke. Auch Daniel schlief schon. Ich aber konnte nicht einschlafen und war wie ein Jäger, der ausharrt und nicht weiß, ob er an der richtigen Stelle lauert. Die Stunden verstrichen. Meine Mutter fiel mir ein, wie sie damals in Frauenfeld auf der Schwelle zur Küche saß. Auf ihrem Schoß hielt sie ein Tablett voller Weizenkörner. Sie bewegte das Tablett geschickt in ihren Händen und entfernte da und dort ein Korn. Als meine Schwester und ich sie fragten, wieso sie gerade diese Körner entferne, da wir keinen Unterschied in Farbe und Form erkennen konnten, antwortete sie: «Egal, wie lange man diese Körner einweicht, sie bleiben hart und würden das ganze Gericht verderben.»

Gegen Morgen stand ich schließlich auf und ging zum Bücherregal. Ich beschloss, jeden Tag einen Text in dem arabischen Gedichtband, den ich auf einem Flohmarkt in Basel gefunden hatte, zu lesen. «Versuch, den Tag mit Poesie zu beginnen! Glaub mir, es wird deinen Tag beeinflussen», hatte mir eine Arbeitskollegin gesagt.

«Es geschah an einem regnerischen Tag, dass ein Schüler der Dorfschule zum Fenster seiner Klasse hinausschaute und die Sonne und einen Fluss in sein Notizbuch zeichnete. Dann schrieb er Wörter darunter und steckte sein Notizbuch wieder in seine Mappe zurück. Als die Sonne untergegangen war, wunderten sich die Bewohner über das rätselhafte Licht, das von einer der Hütten ausging. Das Licht strebte auf den Dorfhimmel zu. Es enthüllte Wörter, die in einer kindlichen Schrift geschrieben waren, und ein Boot, das Richtung Sonne segelte.»

Ich schlug das Buch zu, ging zum Fenster und öffnete es. Die herbstliche Morgensonne warf sich auf den Baum des Nachbarn und ließ die gelbe Farbe vor meinen Augen explodieren. Alles war rein und deutlich. Abgesehen von ein paar kleinen Wolken, die sich über den Himmel verstreuten, gab es keine Ablenkung.

Am Bahnhof Basel warteten wir auf Daniels Zug. Eine Verspätung von zwölf Minuten wurde angekündigt. Wir standen nebeneinander. Ich berührte seine Hand, er drückte meine und sagte: «Ich liebe dich.»

«Ich dich auch», entgegnete ich und gab ihm die Mütze mit den Ohrenklappen, die ich ihm zu seinem letzten Geburtstag gestrickt hatte.

Als der Zug in den Bahnhof einfuhr, merkte ich, dass die Zeit zu schnell zu verrinnen begann, und ich blickte auf die Schienen, die von dem einfahrenden Zug verschluckt wurden. Ich hatte das Gefühl, mein ganzes Leben läge auf dieser kürzer werdenden Strecke, leichte Panik ergriff mich.

Vor der Zugtür umarmten wir uns. Auf dem Perron dachte ich an das Tablett meiner Mutter. An die Körner, die ich aus meinem Leben entfernen müsste. Ich blickte dem wegfahrenden Zug nach, bis er verschwunden war, dann ging ich nach Haus.

Bruchholz

Ich habe arabische Musik gehört, doch nach einer gewissen Zeit musste ich sie abstellen. Auch die Filmkomödie, die ich aus der Bibliothek mitgenommen hatte, brachte ich nicht zu Ende. Drei Tage sind vergangen, seit Daniel abgereist ist. Die Wohnung fühlt sich fremd an ohne ihn. Alles scheint seltsam und distanziert, sogar mein Lieblingsstuhl, auf dem ich immer lese. Ich bin einsam wie ein Stein, der von der Decke einer dunklen Bühne fällt.

Auch meine Bücher helfen mir dieses Mal nicht. Das Lesen als Rettungsring habe ich früh entdeckt. Meine Mutter hatte nur erstaunt zugesehen, wie ich mich über die Bücher beugte und eins nach dem anderen verschlang. Damals vor allem Jugendromane, aber ich las alles, was mir unter die Augen kam, ich vertiefte mich so auch in die deutsche Sprache. Mein Vater ärgerte sich, wenn meine Schwester und ich mit einem Gemisch aus Deutsch und Arabisch untereinander sprachen. «Ihr müsst richtig Arabisch reden und nicht ständig in dieser Sprache palavern.»

Ich liebe es mehr, auf Arabisch zu schreiben als zu lesen. Wenn ich den Kugelschreiber von rechts nach links gleiten lasse, versuche ich, den Buchstaben viel Raum anzubieten auf dem weiten Papier. Mein Vater hatte uns viel von der Kunst der arabischen Kalligrafie beigebracht. Er hatte kleine Texte und Gedichte gezeichnet. «Jedes Mal, wenn ich einen Text mit dem Wort *watan,* Heimat, schreibe, habe ich das Gefühl, dass der Euphrat mitten durch das Papier fließt. Der Euphrat bewässert die Buchstaben, reißt die traurigen Worte in seinem Strom mit und lässt die Verben leuchten wie das Spiegelbild der Sterne auf dem Fluss, wenn er zur Ruhe gekommen ist», schrieb er. Ich beobachtete ihn und las wie er. Einmal betrat mein Vater den Raum, als ich gerade einem imaginären Publikum eine seiner Handschriften vorlas. Ich fühlte mich ertappt, und es war mir peinlich. Aber er lachte nur herzlich, weil er bemerkt hatte, dass ich meine Kuscheltiere als Publikum versammelt hatte und ihnen das arabische Gedicht vortrug.

Heute noch tue ich das manchmal. Ich sage laut Gedichte auf und stelle mir das Publikum dazu vor. Oder ich trage sie Bäumen vor oder Spielzeugen, welche die Kinder in einem Sandkasten vergessen haben, oder leeren Stühlen im Gruppenraum der Bibliothek oder Tieren auf einem Spaziergang. Hauptsache ein Publikum, das mich nie fragt, seit wann ich in der Schweiz bin oder wo meine Familie ist. Ein Publikum, das versteht, dass das Wort *watan* für mich trocken bleibt, egal wie viele Flüsse hindurchfließen. Beim Vortragen sehe ich das Gesicht meines Vaters vor meinen Augen.

Gestern Abend habe ich diese alte Gewohnheit wieder aufgenommen. Ich habe meinen arabischen Gedichtband hervorgeholt und darin gelesen. Aber auch hier fand ich keine Ruhe, ein Gefühl der Entfremdung hatte mich erfasst. Ich nahm mein Handy und schrieb

Daniel eine SMS: «Lieber Daniel, ich hoffe, du bist gut angekommen. Danke für deine kurze Nachricht. Ich vermisse dich, doch das ist nicht das Einzige, was mich antreibt, dir jetzt zu schreiben. Deine Worte beschäftigen mich. Dass die Ehrlichkeit selten sei und dass eine Beziehung ohne diese es nicht wert sei, weiterzubestehen. Ich bin nicht perfekt, aber ich bin ehrlich. Was willst du denn von mir wissen? Die Vergangenheit schreit in meinem Kopf wie ein verletzter Wolf, jede Nähe zu ihm signalisiert mir Gefahr.»

Doch anstatt «Senden» zu drücken, löschte ich die Nachricht wieder. Ich musste nach Frauenfeld, sagte ich mir und beschloss, Beyan und Katrin anzurufen. Ich brauchte jemanden, der mir zuhörte. Und wer konnte das sein außer Beyan?

Beyan ist Künstler und Geigenspieler. Wie er sich kleidet, macht ihn auffällig, unübersehbar. Als Nosche und ich Kinder waren, wünschten wir, dass Beyan unser Vater wäre. Am Wochenende gingen wir oft abends in Begleitung von Vater zu ihm, und er unterstützte uns in Mathematik und Deutsch. Nach der Lektion erlaubte er uns, die Fotoalben in seiner Bibliothek anzuschauen. Geduldig beantwortete er alle unsere Fragen. Auch diejenigen, die mit seiner eigenen, wohl schmerzhaften Kindheit zu tun hatten.

Beyan war 1980 geflohen, weil er nicht in den Krieg wollte. Ein paar Monate lebte er mit gefälschten Papieren in Bagdad, dann gab die Partei sein Todesurteil bekannt, und der militärische Geheimdienst begann, ihn zu suchen. Er tauchte unter und verließ bald den

Irak. «Dank der mutigen Hilfe einer Verwandten gelang mir die Flucht. Ich glaube, ich war der erste irakische Flüchtling hier im Thurgau», erzählte uns Beyan.

Er erzählte uns auch von Bagdad, von seiner Liebe zu Kunst und Musik, dass er studieren wollte, aber leider nicht zugelassen wurde, weil er kein Baath-Parteimitglied war. Er arbeitete als Straßenkünstler in alten Quartieren der immer moderner werdenden Stadt. Mit seinen Verwandten bastelte er Drachen aus buntem Papier, die er jeden Freitagmorgen im Vogelpark verkaufte. Damit schlug er sich durch.

Wenn Beyan von Bagdad erzählte, sah er aus, als würde er von einer Geliebten sprechen. Beyan ist mutig; einmal mischte er sich ein, als mein Vater sich weigerte, Nosche und mich ins Winterlager in die Berge gehen zu lassen. Es war für uns beinahe ein Weltuntergang, weil wir die Einzigen in der Klasse waren, die zu Hause bleiben mussten. Erfolglos versuchte Beyan, unseren Vater zu überzeugen. Am Schluss sagte er zu meinem Vater: «Dein Festhalten an den irakischen Traditionen kann Schaden anrichten und die Zukunft deiner Kinder zerstören.» Dass Beyan sich auf die Seite unseres Klassenlehrers schlug, hat mein Vater ihm nicht verziehen und er beschränkte die Beziehung zu ihm auf das Nötigste. Wir waren enttäuscht, vor allem, weil die Wochenendbesuche abrupt aufgehört hatten. Die Distanz zwischen den beiden wurde noch größer, als Beyan mit seiner Schweizer Freundin Katrin zusammenzog.

Beyan konnte die Beziehung zu Vater mit der Zeit wiederherstellen. Er besuchte uns, als Vater aus dem

Spital zurückkam. Er musste sich einige Lymphknoten entfernen lassen. Vater schätzte seinen Besuch wenig und blieb zurückhaltend. «Ich will nicht, dass Katrin unser Leben von innen sieht. Wir kennen sie nicht. Wieso sollten wir ihr vertrauen? Ich mag keine Fremden in meinem Haus.»

Vater war immer auf Beyan angewiesen und hielt Respekt. Gleichzeitig war er jederzeit bereit, darauf zu verzichten. Ich hörte einmal unfreiwillig einen Dialog zwischen zwei Menschen im Zug. Ich weiß nicht, ob sie betrunken waren, es kam mir vor wie ein Theaterstück.

Der eine schrie den anderen an: «Was? Hast du mir das geschrieben, weil ich Ausländer bin?»

Der andere schwieg einige Sekunden und erwiderte dann gleichgültig: «Nein, ich hasse dich nicht, weder dich noch sonst jemanden auf dieser Welt. Doch gleichzeitig habe ich auch niemanden lieb. Das ist alles.»

Oh mein Gott! Sprach diese Person jetzt von sich oder von meinem Vater? Vater hasste niemanden. Aber ich sah ihn nie jemanden lieben. «Wir kennen uns schon seit der Kindheit. Beyan ist der einzige Freund, der mir blieb. Viele Freunde sind wie die Splitter einer Rakete, einfach verstreut und versunken», sagte Vater.

Die Freundschaft mit Beyan ist der Schatz, den mir mein Vater in der Schweiz vererbt hat.

Eine SMS von Daniel weckte mich früh auf. Er schrieb begeistert, dass ihm das Leben auf dem Hof gefiel. «Es ist nichts los hier, das macht das Leben interessant, ich freue mich sehr. Kuss, Daniel.»

Ich freute mich auf das Treffen mit Beyan und Katrin, sie hatten mich eingeladen, den Samstag bei ihnen zu verbringen.

Auf dem Weg zum Bahnhof trank ich meinen Kaffee bei einer Frau aus dem Sudan. Sie führte ein kleines Café und war immer nett, trug bunte, afrikanische Oberteile und hatte ihre Haare zu Cornrows, der afrikanischen Flechtfrisur, geflochten. Wir sprachen hocharabisch. «Hocharabisch sprechen ist komisch, es lässt Frauen männlich tönen», meinte Mutter. Diese Frau jedenfalls nicht.

Im Zug begann ich, die Menschen zu beobachten, die auf dem Bahnsteig vorbeischlenderten, vor allem die Gesichter. Eigentlich mochte ich das Beobachten anderer Leute nicht, aber diese Gewohnheit verfolgt mich seit ein paar Jahren, als wäre ich auf der Suche nach einem verschwundenen Gesicht. Versuche ich, meines in den Gesichtern anderer wiederzuerkennen? Wie fremd bin ich aus ihrer Sicht?

Beyan hatte schon am Telefon gemerkt, dass es mir nicht gut ging, ich hätte es ihm gar nicht sagen müssen, meinte er. Wie kann die Stimme dich sogar über das Telefon verraten? Ob das der Grund war, weshalb sich meine Mutter nach jedem Anruf in den Irak erst einmal zurückzog und für sich allein sein wollte?

Kurz vor Mittag kam ich in Frauenfeld an. Beyan schickte mir eine Nachricht: Er komme zehn Minuten zu spät. Die Sonne schien auf den Bahnhofplatz. Ich stand eine Weile vor dem Gleis der Wilerbahn. Wo blieb nur dieser alte, rote Zug? Offenbar hatten sie ihn durch einen modernen ersetzt? Ob noch immer ständig die Durchsage «Nächster Halt auf Verlangen» wiederholt wurde? Auf der Suche nach einer Lehrstelle fuhr ich eine Woche in ein Pflegeheim in Münchwilen. Mit diesem alten, roten Zug, der durch die Stadt fuhr und sowieso an jeder Haltestelle anhielt. Ich verstand nie, warum der Satz ständig durch die Lautsprecher schallte.

Ich mag Frauenfeld. Hier lebte ich manche Jahre. Einige Geschichten sind schön, andere eher traurig. In meinem Kopf gleichen sie herumliegendem Bruchholz, und doch gehören sie zu meinem Leben. Ich versuche, daraus ein kleines Boot zu bauen und damit zum Rhein zu segeln. «In jedem Trümmerhaufen finden sich Gegenstände, die man für einen Neuanfang brauchen kann», sagte Karima, meine Tante mütterlicherseits. Als der alte Nussbaum in ihrem Hof vom Blitz getroffen und gespalten wurde, beschloss sie, daraus eine Tür zu schreinern, um den Stall für die Tiere verschließen zu können.

Mein Blick wanderte über den Bahnhofplatz und folgte den Menschen mit ihren vollbeladenen Einkaufstaschen in den Stadtbus. Ich hatte das sichere Gefühl, dass ich das, wonach ich suchte, nie finden würde. Niemals.

Beyan erschien in einem leuchtend gelben Hemd und einer Jeansjacke und winkte mir bereits aus der Ferne mit seinem natürlichen Lachen zu.

«*Ahlan wa sahlan amo Aida* – herzlich willkommen!», begrüßte er mich.

«Hoi, Onkel», rief ich, und er umarmte mich. Es sei in unserer Kultur unanständig, enge Freunde der Familie mit Namen zu nennen, hatte uns Vater eingeschärft.

«Wie geht es dir? Du hast besorgt gewirkt am Telefon.» Er umarmte mich von der Seite und hielt meine Schultern fest. «Ist alles in Ordnung? Hör zu, wenn du mir etwas unter vier Augen erzählen möchtest, kann ich Katrin mitteilen, dass wir erst in einer Stunde zu Hause eintreffen.»

«Es geht mir gerade nicht so gut. Aber darüber können wir auch zu dritt reden.»

«Pass auf – wir gehen zum Wochenmarkt. Magst du noch immer das Gemüse direkt bei den Bauern kaufen? So etwas habt ihr in Basel doch sicher auch, oder?»

«Ja, ja, das mag ich noch, wir waren grad letzten Samstag dort, nicht in Basel, sondern hinter der Grenze.»

«Wie geht es Daniel, was macht er jetzt?»

«Er ist letzten Sonntagmorgen nach Graubünden gereist für den Rest seines Zivildienstes. In letzter Zeit streiten wir uns ständig. Ich glaube, unsere Beziehung wird nicht mehr lange halten.»

An der Bushaltestelle begegneten wir einer älteren Dame, und Beyan hatte ein kurzes Gespräch mit ihr.

«Sie ist unsere Nachbarin, ihre Tochter lebt aus beruflichen Gründen jetzt im Ausland und hat Heimweh, sie wollte wissen, was das beste Mittel dagegen sei.»

«Und was hast du ihr geraten?»

«Ich kenne dieses Gefühl nicht, ich weiß nicht mehr, wie es ist.»

Zu Hause empfing uns Katrin warmherzig. Sie trug eine hellgrüne Bluse und einen schwarzen Rock. Ihre Haare waren zu einem «Pferdeschwanz» hochgebunden, so wie sie meine Mutter immer trug. Sie hatte dickes Haar, und wenn sie lachte, sah man sympathische Grübchen, und ihre blauen Augen lachten mit. Ganz selten nur sah ich sie geschminkt, ihre feinen Falten im Gesicht standen ihr gut, das Alter hat ihr mehr Schönheit geschenkt. «Ein persischer Teppich ist je älter, desto schöner», sagte man von schönen Frauen im Iran. Auch wie sie ihre Wohnung eingerichtet hat, gefällt mir, jedes einzelne Stück vermittelt Stabilität in ihrem Haus, das sie von ihren Eltern geerbt hatte.

Katrin erzählt nicht viel von ihrer Familie, aber einmal erzählte sie, dass ihr Großvater Russe war. Er war als Kunsthändler in die Schweiz gekommen. In St.Gallen habe er ihre Großmutter kennengelernt. Irgendwann war er dann zurückgekehrt nach Russland. «Das Einzige, was von ihm geblieben ist, war ein Kind, das mein Vater wurde und die Liebe zu Kunst und Antiquitäten im Blut hatte.» Vielleicht hatte sie selbst deswegen Kunst und Musik studiert.

«Wie geht es dir, meine Süße? Fast ein halbes Jahr haben wir uns nicht gesehen.»

Katrin umarmte mich.

«Ja, es ist lange her, ich vermisse euch und bin froh, jetzt hier zu sein.»

Wir gingen direkt in die Küche, sie hatten Biryani gekocht, ein irakisches Gericht. Beyan meinte, er habe das Gericht ein bisschen modernisiert. Reis mit verschiedenen Gemüsesorten, Kardamom, Pistazien und irakischen Gewürzen, die er aus Bagdad geschenkt bekommen hatte. Die Joghurtsauce war mit Minze, Thymian und Koriander garniert.

«Biryani bringt Wärme, auch in der Liebe», sagte Beyan und gab Katrin einen Kuss.

«Die meisten Iraner kochen es zum Nouruz-Fest. Sie meinen, dass genau diese Mischung zum Frühling passt», sagte ich.

«Ja, das stimmt», antwortete Beyan. «Nouruz war in der alten mesopotamischen Kultur der Tag, an dem Gott Tammus geboren wird und Ischtar, die Göttin der Erde, heiratet, die dann den Frühling gebären wird. An diesem Fest wurden die Unterschiede zwischen Sklaven und Herren vorübergehend aufgehoben. Der König von Babylon gibt seinen Stolz auf, erkennt seine Fehler an und erhält eine Ohrfeige von der höchsten religiösen Autorität. Es gibt sumerische Platten, die den großen Marsch im Park des Königs zeigen, bei dem im Feuer farbige Puppen verbrannt wurden. Diese Puppen sollen den Winter repräsentieren.»

«Wie das Sechseläuten in Zürich», unterbrach Katrin lachend, «aber der Böögg hat sicher nichts mit Babylon zu tun».

«Ich weiß es nicht, aber nach der Besetzung Babylons durch die Perser wurde Naurus ein Fest in vielen Kulturen. Die Perser feierten dreizehn Tage lang, wer dieses Fest feiert, wird das ganze Jahr von Sonnenschein begleitet, sagen sie. Bei den Kurden heißt es Newroz», sagte Beyan.

«Hast du noch Erinnerungen an den Iran? Hat deine Familie dort dieses Fest gefeiert?», fragte mich Katrin und hakte gleich nach: «Wie lange habt ihr eigentlich in Ghom gelebt?»

«Ich bin ja in Ghom geboren und habe bis zu meinem sechsten Lebensjahr im Iran gelebt. Meine Erinnerungen daran sind etwas verblasst. Aber manche Bilder sind noch sehr präsent, und eines davon ist eben Nouruz. Wir feierten es mit einem irakischen Nachbarn. Es begann immer mit einem gründlichen Hausputz, dann bereitete meine Mutter ein großes Tablett vor. Man nennt es ‹Tablett der sieben S›. Alle sieben Dinge darauf beginnen auf Persisch mit dem Buchstaben S.»

«Wieso S?», fragte Beyan.

«Weil dieser Buchstabe in der persischen Kultur Liebe und Glück bringen soll. Auf dem Tablet soll *sebse,* also Spinat, in eine Art Vase gestellt werden und dazu *semnou,* eine Süßigkeit aus Weizen und Honig. *Sier* ist Knoblauch, was in diesem Glauben das Böse vertreibt und die Stärke fördert. *Serke* ist Essig, als Symbol der Geduld, *senged* sind Blätter der Linde, Symbol der Liebe, *soummak* sind Gewürze als Symbol für Wasser, damit das Jahr reich an Niederschlag ist. Das Letzte ist *syeb,* der Apfel, als Symbol für Fruchtbarkeit. Meine Mutter hatte dieses Tablett immer in die Mitte des Wohnzimmers gestellt, und daneben las Vater sieben Verse aus dem Koran vor, die alle mit dem Wort *salam* begannen. Am letzten Tag nahm uns Vater mit zu einem Park, in dem sich viele Familien versammelten und picknickten. Meine

Schwester und ich gaben an diesem Ort unsere Münze aus, die wir zu diesem Anlass geschenkt bekommen hatten.»

«Was für ein schönes Fest. Du kennst alle diese Gebräuche und führst sie nicht weiter?», fragte mich Katrin.

«Na ja, wir haben jetzt Herbst», entgegnete Beyan lachend.

«Ja, vielleicht müsste ich das wirklich machen. Wer weiß, vielleicht helfen die Blätter der Linde der Liebe zwischen mir und Daniel wieder etwas beim Gedeihen.»

«Ich kenne keine Liebe ohne Schwierigkeiten. Manchmal stelle ich mir die Liebe als ein schönes Denkmal vor. Eines von denen, die ich in Rom oft gesehen habe. So schön wäre es gar nicht, wenn es die Schläge des Hammers eines Bildhauers nicht ertragen hätte. Ich bin kein guter Ratgeber in der Liebe, aber woran ich fest glaube, ist, dass die Liebe oft sehr wenig mit Vernunft zu tun hat. Weißt du, Aida, kurz nach meiner Ankunft in der Schweiz habe ich mich in eine Frau verliebt, die beim Arbeitsamt tätig war. Sie half mir sehr, einen Job zu finden. Ich füllte die Formulare entweder falsch oder unvollständig aus, damit ich länger bei ihr bleiben und ihre Augen betrachten durfte, während sie mir alles erklärte. In dieser Zeit begann ich die unerträgliche schweizerische Bürokratie zu lieben. Dank ihr konnte ich jede Woche vor meiner Geliebten stehen wie mein Kater vor mir, wenn ich aß.»

«Selbst Kater!», sagte Katrin lachend.

«Aber was ist denn bei euch los? Eure Liebe ist doch

großartig! Möchtest du etwas erzählen?», fragte mich Beyan.

«Die Streitereien zwischen uns häufen sich, weil Daniel einen unerträglichen Druck auf mich ausübt. Er will mehr über meine Vergangenheit, die Geschichte meiner Familie und alles, was mich in die Schweiz brachte, erfahren. Und das in einem Ton, der wie ein Ultimatum wirkt. Das hat er zwar nicht gesagt, aber weil er mir immer und immer wieder diese Fragen gestellt hat, fühlt es sich so an. Ich habe mir meine Zukunft immer mit ihm vorgestellt. Aber jetzt hat er auch aufgehört, auf meine Wünsche einzugehen, zum Beispiel nach einem gemeinsamen Kind. Er hat mir, als wir vor vier Jahren zusammenzogen, versprochen, dass wir es nach seinem Studium versuchen werden. Aber jetzt hat er seinen Master gemacht und denkt nur an seinen Zivildienst und seinen Beruf. Ich bin verzweifelt.»

«Verzweiflung ist handgemacht», schob Beyan ein.

«Was habe ich denn gemacht?»

«Ganz am Anfang habe ich dir schon gesagt, dass Schweigen kein Panzerglas ist. Themen, die sich in Schweigen hüllen, werden immer attraktiver. Du solltest versuchen, ihm zu erzählen, wieso du es nicht kannst.»

«Nur daran zu denken, lässt das Entsetzen in mir hochsteigen. Wie kann ich die Unsicherheit, die seit den vielen Jahren des Schweigens in mir nistet, besiegen? Ich habe jahrelang an mir gearbeitet, um das ganze Gefäß richtig zu schleifen und irgendwo in mir verschlossen zu halten. Es fällt mir nicht leicht, es wieder zu berühren. Ich lebe mein jetziges Leben. Ich kann die Zukunft nicht mit der Tinte der Vergangenheit schreiben.»

«Ja, es ist nicht einfach, darüber zu sprechen. Aber weißt du, Schweigen ist manchmal gefährlicher als Reden, und die Liebe lebt vom Reden. Sie hat eine Lunge, und diese kann nicht ohne einen ehrlichen Mund atmen.»

Ich schwieg.

«Ja, du erklärst ihm alles. Daniel liebt dich, und er wird verstehen, warum du bis jetzt nichts erzählen konntest. Und er wird es schätzen, dass du dich ihm anvertraust», unterbrach Katrin die Stille.

«Seit wir in dieser neuen Wohnung in Basel wohnen, wurde der Druck noch größer. Ich weiß nicht, wieso ihm das so wichtig geworden ist. Ich fürchte, er hat beim Umzug mein blaues Heft gesehen.»

«Was für ein blaues Heft?», fragte Katrin.

«In diesem Heft habe ich damals Tagebuch geführt. Das war in der Zeit, als ich nach Nosches Tod kein Wort über die Lippen brachte. Mein Psychiater schlug mir vor, das aufzuschreiben, was ich nicht aussprechen könne. Ich habe auf Arabisch, Deutsch und manchmal auch auf Persisch geschrieben oder gewisse Dinge gezeichnet.»

«Hast du auch über die Flucht geschrieben?»

«Nein, und ich habe keine chronologische oder vollständige Geschichte niedergeschrieben, oft nur Stichworte, manchmal kleine Texte oder Dinge notiert, die ich dem Psychiater mitteilen wollte.»

«Ja, ich erinnere mich gut an diese schwierige Zeit. Du hast es erstaunlich gut überwunden», sagte Beyan und machte eine anerkennende Kopfbewegung.

«Ich weiß nicht, ob ich es hinter mich gebracht habe. Ich will einfach nicht stehen bleiben, auch wenn die Richtung nicht immer klar ist. Jetzt will Daniel, dass ich zu einem Punkt zurückkehre, von dem ich mich befreien will. Ich verstehe nicht, warum er die Gegenwart an die Wand der Vergangenheit nageln will?»

«Ich kann dich gut verstehen, bin aber nicht der Meinung, dass eure Liebe daran scheitern soll», sagte Katrin.

«Weißt du, Aida, ich glaube, der Mensch muss jede Gelegenheit, die sich ihm bietet, nutzen, um besser leben zu können. Besser heißt nicht unbedingt immer glücklich. Ich habe viel Schlimmes im Irak erlebt. Ich konnte vor dem Krieg fliehen, aber er will nicht von mir ablassen. Ich spüre ihn manchmal und sehe sein Gesicht. Ein Gesicht mit vielen Augen, die mich durchdringend anstarren. Immer, wenn ein Auge einschläft, wacht ein anderes auf. Mit der Zeit habe ich mir beigebracht, den Blicken auszuweichen. Zeichnen hat mir sehr geholfen, du wirst es mir nicht glauben, es hat vieles in mir rhythmisiert, und ich weiß jetzt auch, wie ich mit dem größten Trauma in meinem Leben, dem Krieg und der Flucht und dem Leben in der Fremde, umgehen kann.»

Ich erwiderte nichts und versank in meinen Gedanken. Wieso scheiterte ich immer wieder, meinen Eltern ganz zu verzeihen? Mir war einiges klar, aber warum sie in die Schweiz flüchteten, obwohl sie kein Interesse an diesem Land hatten, verstand ich nicht. Ich fand immer neue Antworten, aber die Frage blieb. Als blickte ich bei Regen durch eine Windschutzscheibe. Die Scheibenwischer klären kurz die Sicht, doch das Wetter ändert sich trotzdem nicht. Ich war zufrieden mit dem, was ich in der Schweiz erreicht hatte. Ich schätzte die Freiheit und das Leben und mochte meine Arbeit. Das Vakuum, das Nosches Tod in mir verursacht hatte, konnte ich mit Hoffnung füllen.

Katrin bemerkte, dass ich geistesabwesend war und dem Gespräch auswich. Sie schaute mir in die Augen und lächelte freundlich. Ich betrachtete ihr Haar im Sonnenschein. Es war grauer geworden, dennoch erinnerte es mich an ihr Haar, als sie noch neben mir am Computer saß, um meine Französischhausaufgaben zu korrigieren. Damals hatte das Blond noch die Überhand.

«Die Zeit zerrinnt rasch, wir müssen darauf achten, sie wahrzunehmen, bevor sie verschwindet», sagte mir Daniel an meinem letzten Geburtstag. Wie recht er hatte. Als Teenager in Frauenfeld schnitt ich mit meiner Schwester Bilder aus Zeitschriften aus. Meistens waren es irgendwelche Stars. Dass wir in den Irak zurückgehen würden, wäre uns nicht im Traum eingefallen. Wir klebten die Bilder in ein Heft, der Geruch des Leims hängt mir noch immer in der Nase. Ich höre das Lachen meiner Schwester und unsere Diskussionen darüber, welchen Star wir einmal heiraten würden, als säße sie noch immer neben mir. Die Trauer um meine Schwester bleibt in mir, auch wenn sie stillzustehen scheint wie die Wanduhr im Elternhaus im Irak. Aber jeden Tag kommt ein Augenblick, in dem die tatsächliche Zeit mit derjenigen auf dem Zifferblatt übereinstimmt.

Katrin und Beyan begleiteten mich bis zum Bahnhof. Bevor ich in den Zug stieg, gab mir Katrin einen kleinen Umschlag. «Öffne ihn, wenn du im Zug sitzt», sagte sie mir, während sie mich zum Abschied umarmte.

«Komm bald wieder, sonst wird Onkel Beyan böse auf dich», sagte er mit einem wehmütigen Lächeln im Gesicht.

«Aber natürlich», erwiderte ich.

Im Umschlag war ein Bild von Nosche und mir. Beyan hatte es im Wald geschossen, als wir 2008 den 44. Geburtstag von Katrin feierten. «Schnapszahl», sagte Beyan. Ich wusste nicht, was das bedeutet, aber wir haben auf jeden Fall bis um Mitternacht gefeiert. Neben Essen und Trinken hatte Beyan viele Spielsachen mitgebracht. Eines davon war «Wikingerschach», das ich immer noch gerne spiele. Beyan hatte bei unserem Flüchtlingsheimleiter die Erlaubnis eingeholt, dass Nosche und ich das Wochenende außerhalb des Heimes verbringen durften. Das Heim lag nicht weit von der Wohnung, in der wir als Kinder mit den Eltern als anerkannte Flüchtlinge lebten.

Nosche stand neben mir, strahlend vor Freude und voller Leben. Ihr Lachen wirkte, als wollte sie mir durch dieses Bild aus der Vergangenheit etwas mitteilen.

Wir sahen uns sehr ähnlich. Unser schwarzes, gelocktes Haar hatten wir von unserem Vater geerbt, die kleinen Augen von der Mutter.

«Euer Lachen habt ihr vom Euphrat erhalten», behauptete Vater immer.

An diesem Geburtstag wollte Katrin, dass wir ihr ein arabisches Lied vorsingen. Beyan spielte Geige, und gemeinsam hatten wir ihr diesen Wunsch erfüllt. Laut sangen wir: «Jedes Mal, wenn ich dich vermisse, pflücke ich einen Stern vom Himmel. So lange habe ich dich vermisst, dass der Himmel dunkel wurde.» Nosche, Beyan und ich, alle andern waren Schweizer. Sie fanden, die arabische Sprache höre sich ohnehin an wie ein Lied.

Nosche konnte besser Arabisch als ich. Im Iran musste sie viel aus dem Koran auswendig lernen. Sie schrieb auch kleine Gedichte. Mein Vater meinte, sie hätte es von ihm geerbt. Ich erinnere mich gut an eine Diskussion zwischen Nosche und meinem Vater.

«Die deutsche Sprache wirkt viel bescheidener als die arabische», sagte meine Schwester zu ihm.

«Wie kommst du auf diese Idee?», fragte er.

«Auf Deutsch sagt man: Meine Schwester, du und ich gingen zusammen. Auf Arabisch ist es unmöglich, den Satz mit der dritten oder zweiten Person zu beginnen. Der Sprecher nennt sich immer zuerst», sagte Nosche.

«Die Logik des Arabischen ist in diesem Fall, mit dem Sprecher zu beginnen, weil der Sprecher den Anspruch hat, sich als Ersten zu erwähnen. Das hat nichts mit Demut zu tun, meine Liebe», erklärte Vater.

«Aber Papa, manchmal ist deine Sprache unlogisch», mischte ich mich ein.

«Wieso meinst du?», fragte mich mein Vater verwundert.

«Bevor du ein Auto hattest, sagtest du uns, wenn du zu spät nach Hause kamst: Der Zug hat mich verpasst, nicht umgekehrt. Meinst du damit, der Zug hätte auf dich warten müssen oder was?»

Nosche schaute mich beifällig an.

«Nein, nein, meine Liebe, es ist nicht so. Wir Iraker sagen der Zug und meinen die Zeit», antwortete er nachdenklich und ging in sein Zimmer.

Bis nach Basel beschäftigte mich Beyan und wie er mit Zeichnen Distanz von seinem Leiden schaffte. «Glücklichsein liegt in dir und wird nie von außen kommen. Die alten Ägypter glaubten, wenn der Mensch stirbt und seine Seele zur Tür des Himmels aufsteigt, werden ihm von Engeln zwei Fragen gestellt. Warst du glücklich in deinem Leben? Hast du andere Leute glücklich gemacht? Je nach Antwort erlauben sie ihm, für immer in das Königreich einzutreten oder zu flüchten», sagte Beyan.

Basel empfing mich mit leichtem Regen. Dennoch ging ich zu Fuß nach Hause. Auf dem Weg erinnerte ich mich an das blaue Heft. Auch daran, wie ich das Sprechen verlor, als würde meine Zunge mit einem Seil nach hinten gezogen, sodass ich keinen Ton herausbrachte. Im Irak ist es ein Tabu, zu dieser Art von Ärzten zu gehen. Ich aber war froh, als ich die Überweisung vom Arzt, den wir Asylsuchende besuchen durften, erhielt.

Im Wartezimmer des Psychiaters war ich nicht die

einzige Jugendliche. Vielleicht die Einzige, die sich wunderte, dass alles in dieser Praxis glänzte, selbst der Psychiater. Sein samtiger Anzug, seine Schuhe, die Brille, ja selbst seine Glatze und der wertvoll aussehende Füller auf dem Tisch. Er begrüßte mich, gab mir seine Hand, führte mich ins Zimmer, bot mir einen Stuhl an und setzte sich mir gegenüber. Er schwieg, und ich war irritiert. Wer sollte nun wem helfen, wieder zu sprechen? Hinter ihm auf der Fensterbank waren kleine Tierfiguren und Schiffsmodelle. Sie allein glänzten nicht.

«Du bist hier, weil du Hilfe brauchst, die ich dir gerne anbieten möchte.»

Sein erster Satz erinnerte mich an eine Geschichte, die ich zuvor im Asylheim gelesen hatte. Darin begann ein Psychiater das Gespräch mit der Protagonistin immer damit, wie sie auf ihn wirkte. «Du siehst besorgt aus», «du hast nicht gut geschlafen» und so weiter. Sie hatte immer genickt, um ihm zu bestätigen, was er über sie dachte. Ich tat dasselbe, obwohl ich in dem Moment eigentlich nur noch wegwollte. Der Psychiater begann, sich auf meine Hände zu konzentrieren und vorsichtige Blicke zu werfen. «Vielleicht möchtest du mir etwas erzählen. Egal was», sagte er.

Ich war hilflos, verzweifelt und schwach. Ich zuckte mit den Schultern und schwieg.

«Dann nenn mir etwas, was du besonders magst. Oder etwas, was es wert wäre, gehört zu werden.»

Nach einer kurzen Pause fuhr er fort: «Du bist frei, du musst natürlich nicht.»

Ich wünschte mich nur weg von diesem glänzenden Ort.

Während zwei Monaten war ich einmal wöchentlich bei ihm in Therapie, danach immer unregelmäßiger. Er redete viel mit mir, um mich zum Sprechen zu bringen, und einmal flüsterte er mir leise ins Ohr: «Schreibe, wenn du nicht reden kannst. Oder zeichne auf, was dir Kummer macht. Schreiben ist kein Ersatz, aber es wird dir helfen.» Er gab mir ein Papier mit Fragen, die ich zur nächsten Sitzung beantworten sollte. Ich tat es nicht. Ich kaufte mir in Frauenfeld ein blaues Heft und begann, für mich zu schreiben, ohne den Zwang, das Geschriebene jemandem zeigen zu müssen.

Kleine Texte von ein paar Zeilen verstreuten sich im Heft. Es entstanden auch kurze Briefe an Nosche. Ich weiß nicht, ob Daniel das alles gesehen hat. Vielleicht bilde ich mir das nur ein. Auf einer Seite stand neben einer Zeichnung, dass ich mich am Tod von Nosche schuldig fühle. Hätte sie die Flucht aus dem Irak auch ohne mich gewagt? Wäre sie ohne mich gar nie gegangen?

Auf einer anderen Seite schrieb ich über meinen Vater, über das Versteckspiel, das wir immer mit ihm in der Wohnung machten. Wie seine Augen strahlten, wenn er uns suchte. Es war uns schon bewusst, dass er unser Versteck schnell finden konnte, er tat nur so. Dieses Spiel konnte er im realen Leben nicht spielen. Er wollte nichts übersehen, und manchmal warf er seine Worte gleichgültig um sich. Sie fielen in unsere Herzen und Ohren wie Feuerbälle.

Ich fing an, mehr in meinem blauen Heft als in meiner Trauer zu leben. Ein Schreibfluss durchströmte mein Leben und ließ mich vorwärts gehen. In mir keimte die Hoffnung, dass das Reden bald zurückkomme.

Nach etwa drei Monaten musste ich die Therapie beim Psychiater abbrechen, da diese nicht mehr genehmigt wurde und ich weitere Therapiestunden hätte selbst bezahlen müssen. Wie hätte ich das als Asylbewerberin gekonnt? Ich hatte ja meine Zunge wieder, meinten sie.

Im Herbst 2008 verließ ich die Praxis des Psychiaters und war eigentlich froh, die Behandlung nicht mehr weiterführen zu müssen. Ich fühlte mich reif genug, um zu begreifen, wo ich stand. Es würde nicht mehr lange gehen, bis ich aus diesem Zustand herauskam. Viele Wunder hatten mich in die Schweiz zurückgebracht. Jetzt musste ich die Verantwortung für mich selbst übernehmen, sagte ich mir.

Beyan unterstützte mich, indem er mir viel aus seinem Leben erzählte: Wie er im Irak gelebt hatte und wie ihm die Flucht bis in die Schweiz gelungen war.

Einmal machten wir eine Radtour von Frauenfeld nach Kreuzlingen und dann einen langen Spaziergang am See. In einem Restaurant in Kreuzlingen tranken wir Kaffee.

«Wollen wir hoch? Die tolle Aussicht vom Seeburgturm über den Bodensee ist unverzichtbar», sagte Beyan.

Katrin blieb unten, weil sie Höhenangst hatte. Beyan und ich stiegen die Treppen hoch. Eine wunderschöne Seelandschaft.

«Schau, viele Menschen haben auf der Holzbrüstung Namen und Botschaften in verschiedenen Sprachen hinterlassen. Möchtest du auch etwas schreiben?», sagte er und gab mir einen Bleistift. Er trat zwei Schritte zurück, und es war, als ob Nosche auch dabei wäre. Ich nahm den Stift und schrieb auf Arabisch: *bayt,* Haus.

Viel Zeit war vergangen, seit ich das letzte Mal in dieses Heft geschaut hatte. Ich wusste, dass es mich in Lebensabschnitte zurückführen würde, die ich nicht gerne mochte. Trotzdem ging ich in der Wohnung, ohne meine Schuhe auszuziehen, direkt ins Schlafzimmer und zu meinem Kleiderschrank, in dem sich eine kleine Truhe befand. Ich zog das Heft hervor, setzte mich auf den Rand des Bettes und begann darin zu blättern. Mehrmals hatte ich Bienen gezeichnet, sie bringen Glück. Meine Mutter meinte, jede Biene würde eine Botschaft tragen, die zum Glück führe. «Bienen lügen nicht, betrügen nicht, und sie schaden niemandem. Wenn du eine Biene siehst, lache und denke an das Wunder, das sie tragen.»

Ich brachte das Heft an seinen Ort zurück und begann, Daniel eine SMS zu schreiben. «Wie geht's dir? Habt ihr überhaupt ein Wochenende? Was hast du gearbeitet? Ich habe deine Postadresse gar nicht, ich wollte dir deinen E-Reader schicken. Ich war in Frauenfeld bei Beyan und Katrin, und meine Arbeit hier tue ich wie üblich. Es ist schwierig, ohne dich hier zu sein. Ich habe dich lieb, Aida.»

Der Duft der Croissants im Café der sudanesischen Frau kündigte einen neuen Tag an. Die Frau war glücklich, da ihre Tochter heute ihr erstes Konzert als Cellistin in Basel gab. Stolz überreichte sie mir den Flyer. Er erinnerte mich an den irakischen Cellisten, der auf den Straßen gegen Terror protestierte. An Schauplätzen kurz nach Anschlägen, Autobomben, Sprengstoffattentaten tauchte dieser Künstler auf und begann zu spielen. Trotz der Blutflecken und Trümmer fühlten sich diese Schauplätze durch seine Musik wieder lebendig an.

Bei der Arbeit begann die Woche mit vielen Aufgaben. Meine Chefin gab mir eine lange To-do-Liste. Sie ist freundlich, spricht aber wie ein Roboter, und das ist es, was mich an ihr und manchen Schweizern stört, ihre neutrale Sprache. Sie kann viel reden, ohne ein einziges Gefühl zu zeigen. Ich kann meine Gefühle dem gegenüber, was ich sage, nicht verstecken.

Nach der Arbeit ging ich am Rheinufer spazieren. Wie ein Maultier trottete ich mit gesenktem Kopf meinen Lieblingsweg entlang, den ich fast auswendig kannte. Auf einmal überkam mich das Gefühl der Traurigkeit. Sie berührt meine Seele immer wieder anders, auch wenn ihre Hand dieselbe ist.

Der Herbst vermischte sich mit der Kälte des Oktobers. Mein Spaziergang endete in einem großen Kaffeehaus. Ich suchte einen Platz in einer Ecke. Die großen Hallen verwirren mich, die Mehrheit hat wie ich die falsche Hautfarbe.

Auf meinem Tisch lag ein Wettbewerbsformular für einen Sprachaufenthalt, ich begann es auszufüllen. Bei der Rubrik «Nationalität» machte ich zuerst einen Strich, aber dann schrieb ich «Schweizerin» hin. Ein seltsames Gefühl ergriff mich. Ich fühlte mich wie ein Zauberer, der auf einer Bühne steht und stolz präsentiert, wie er eine Frau trotz unzähliger Messerstiche unversehrt hält. Ich wusste nicht, ob ich der Zauberer oder die Frau war, auf jeden Fall war ich eine Lügnerin. Ich zerriss das Formular, holte mir meinen Kaffee und begann über den Weg, der mich in die Schweiz gebracht hatte, nachzudenken. Wer wäre ich ohne die Flucht geworden und was hat die Flucht aus mir gemacht? Ich war wie ein Affe auf einem dünnen Ast – man denkt, er würde fallen, aber er nutzt den Schwung des federnden Astes, um zum großen Stamm zu springen.

In diesem Café hatte Daniel häufig an seiner Masterarbeit geschrieben. Hier passe es am besten, über das Thema Heimat zu schreiben, «ich fühle mich wie im Ausland», sagte er zu seiner Mutter und mir. Sie war zu Besuch gekommen für die Museumsnacht und hatte uns zum Essen eingeladen. Von einem Nebentisch war Arabisch zu hören. Daniel schaute mich an und fragte: «Was denkst du, können Menschen ohne Heimatverlust verstehen, wie schwierig es ist, sich eine neue Heimat zu erschaffen?»

«Ich kann es nicht beurteilen», antwortete ich. Seine Mutter schaute mich an.

«Was heißt: Du weißt es nicht? Warum tust du so, als ob es dich nichts anginge?», bohrte Daniel weiter. Ich schwieg einen Moment, seine Mutter merkte, dass sich die Stimmung anspannte.

«Muss das denn jetzt sein?», fragte sie.

Daniel schaute wütend. «Das war eine ganz normale Frage», sagte er, «und es ist unpassend, dass Aida sie als eine Zumutung empfindet.»

«Ich bin nicht empfindlich, aber in deiner Sprache ist manchmal etwas Unangenehmes. Es vermittelt mir das Gefühl, dass ich ewig fremd bleiben werde.» Ich stand auf, und ging. Weder er noch seine Mutter verloren ein Wort, sie starrten mich bloß mit den größten Augen der Welt an. Ich konnte meine Tränen nicht zurückhalten.

In der Wohnung verschwand ich im Schlafzimmer und weinte. Mein Körper begann zu zittern. Ich vergrub meinen Kopf zwischen meinen Beinen. Als Kind tröstete mich mein Vater, wenn er mich betrübt sah. Einmal nahm er mich auf seinen Schoß und sagte mir ins Ohr: «Wenn du groß bist, wirst du darüber lachen.» Wie sehr vermisste ich ihn. Ich hörte seine Stimme in meinem Ohr, spürte seine Handfläche auf meinen Schultern.

Sandfiguren

Die zuständige Beamtin auf dem Sozialamt hieß Frau Merdan. Sie begegnete uns freundlich, und auch wenn ihr Lächeln künstlich war wie bei Menschen, die vor dem Bahnhof oder dem Einkaufszentrum Werbung verteilen, wirkte es für uns einladend.

Aber immer wieder vergaß sie, dass mein Vater Frauen nicht mit der Hand begrüßte. Für meine Schwester und mich war das peinlich. Statt ihr die Hand zu geben, legte er sie auf seine Brust und senkte dabei den Kopf ein wenig. Sie entschuldigte sich und zog ihre Hand zurück. Wir fanden es nicht in Ordnung, dass sie diejenige war, die sich entschuldigte.

Um die unangenehme Szene zu überspielen, lud sie uns mit einer fließenden Handbewegung in den Raum. Ihr Büro war ziemlich groß und wurde von einem Fenster erhellt, von dem man die Hauptstraße der Stadt sehen konnte. In einer Ecke stand ein breiter Arbeitstisch mit Computer und Drucker, und hinter ihrem Sessel befanden sich verschiedene Zimmerpflanzen. In der anderen Hälfte des Büros waren ein runder Tisch mit ein paar Stühlen und eine Ecke mit Kinderspielzeug, Papier, Stiften und Kuscheltieren.

Für unsere ersten Treffen hatte Frau Merdan einen Übersetzer organisiert. Wenn wir ins Zimmer traten, saß dieser bereits am Tisch. Aber eines Tages wollte mein Vater keinen Übersetzer mehr. Die gesamte Familie saß da, meine Eltern, meine Schwester Nosche und ich. Wir waren seit zwei Jahren in der Schweiz. Vater verlangte von Frau Merdan, dass ab jetzt niemand zum Dolmetschen dazukäme. «Ich will nicht, dass irgendein Araber, vor allem ein Iraker, etwas über mein Leben hier erfährt. Meine Tochter kann die Übersetzung übernehmen, sie kann gut Deutsch.» Frau Merdans Erklärung, dass alle Übersetzer und Übersetzerinnen unter Schweigepflicht stünden und dass alles, was in diesem Büro gesagt und besprochen werde, in diesem Raum bleibe, half gar nichts. Mein Vater lächelte und wandte das Gesicht meiner Mutter zu. Sie schüttelte den Kopf. Keinen Übersetzer mehr.

Es war selten, dass meine Mutter dabei war. Auch wenn sie einmal mitkam, sagte sie nichts. Sie nannte alle Angestellten im Sozialamt «Sandfiguren», sie würden sich ändern, je nachdem, wie der Wind drehe. Auf das, was sie sagten, könne man nichts Stabiles aufbauen. Darin ähnelte meine Mutter ihrem Vater, auch er hatte das Leben auf einen einzigen Augenblick reduziert. Ihm war die Zeit 1983 eingefroren, als er im nördlichen Irakkrieg seinen einzigen Sohn verlor. Ihr Bruder war kaum zwanzig und fiel in seiner zweiten Woche an der Front, noch bevor er das Fresspäckchen, das ihm seine Mutter mitgegeben hatte, aufessen konnte. Großvater nannte seither alle irakischen Kriege «Nordische Kriege», auch das, was während des zweiten Golfkriegs im Süden des Iraks geschah.

Meine Mutter mochte nicht mehr mitkommen. «Wenn ich dieses Gebäude betrete, fühle ich mich als Fremde. Ich fühle mich wie eine Palme, die dem Aprilwind ausgesetzt ist.» Wenn Frau Merdan meinen Vater fragte, wieso meine Mutter nicht mitgekommen sei, antwortete er mit einem gleichgültigen Schulterzucken: «Krank.»

«Du darfst mich immer unterbrechen und fragen, falls du etwas nicht verstehst, ich erkläre es dir gerne», sagte Frau Merdan zu Nosche beim ersten Mal. Nosche wurde zur Dolmetscherin, und Frau Merdan sorgte dafür, dass die Termine nach der Schule angesetzt wurden. Ich war immer dabei. Nosche war in der sechsten Klasse, ich in der zweiten. Beide besuchten wir in der Schule das Intensivdeutsch.

Meistens ging mein Vater direkt zum Tisch und setzte sich, ohne eine Aufforderung abzuwarten. Einmal begann er, ein paar Blätter, die schon auf dem Tisch lagen, durchzusehen. «Das sind Informationen, die Ihnen helfen könnten, eine Arbeit zu finden», bemerkte Frau Merdan. «Was soll ich arbeiten?», entgegnete mein Vater mürrisch und schob das Papier vorsichtig beiseite. Sie richtete ihre Augen auf ihn und sagte: «Wir können Sie und Ihre Familie nicht immer unterstützen. Sie müssen versuchen, selbständig zu werden.»

«Ja, das ist mir klar, aber ich kenne die Sprache nicht. Auch wenn ich mich bei Bäckereien bewerbe, kriege ich Absagen. Mein Deutsch sei zu schlecht, sagte mir einmal eine Bäckerin. Als ob ich ein Gedicht für das Brot vortragen müsste, bevor ich es in den Ofen schiebe.»

«Aber Sie haben den Kurs, für den ich Sie angemeldet habe, verlassen und gesagt, Sie hätten es nicht nötig?»

«Ja, das stimmt. Ich habe den Kurs verlassen, nicht, weil mir die Sprache nicht wichtig ist, sondern weil die Kursleiterin uns wie Kinder behandelte, und sowas kann ich nicht ertragen.»

«Ich glaube, es wäre besser, wenn Sie einen Job finden, der nicht viel mit der Sprache zu tun hat. Ich helfe Ihnen dabei. Das gibt es auch, und auf der Arbeit können Sie Ihre Sprachkenntnisse trotzdem verbessern.»

«Ich Flüchtling, Sie wissen, oder?», sagte mein Vater auf Deutsch und unterstrich seine Worte mit einer entschlossenen Miene. Dann ließ er Nosche übersetzen: «Für mich ist nicht nur das Erlernen der Sprache schwierig, sondern das Ganze. Ich möchte gerne mit den Leuten reden, es scheint im Moment aber nicht möglich. Ich brauche Zeit. Ich arbeite jetzt nicht.» Ihm war vielleicht bewusst, dass Frau Merdan die Sozialhilfe wohl kürzen, nicht aber streichen konnte.

Zu Hause wurde er noch zorniger. Wir kannten die Schritte unseres Vaters, wenn er wütend war. «Was für eine Arbeit kann sie schon finden für mich? Als Straßen- oder Toilettenreiniger auf irgendeinem Bahnhof? Was dürfen Flüchtlinge sonst arbeiten?»

«Wer sein Zuhause verlässt, verliert an Wert.» Mit dem irakischen Sprichwort versuchte meine Mutter ihren Mann zu beruhigen.

«Wir sind da, weil die Alternative bitterer ist, aber ich lasse mich nicht beirren», entgegnete mein Vater verdrossen. «Ich werde nie so sein, wie sie mich sehen wollen. Das ist meine Entscheidung, und es interessiert mich überhaupt nicht, wie sie mich sehen. Sie mögen uns so oder so nicht. Nichts ändere ich an mir, um ans Ufer ihrer Zufriedenheit zu gelangen. Sobald sie mit mir zufrieden sind, bedeutet das für mich, dass ich meine Identität verloren habe.»

Er erwähnte nicht, was Frau Merdan beim Abschied gesagt hatte: «Ich weiß, dass Sie Theologie studiert haben. Ich hoffe, Sie verstehen, dass wir hier nicht alles möglich machen können.» Sie gab meinem Vater ein Blatt, auf dem die Adresse eines islamischen Zentrums im Thurgau stand. «Gehen Sie einmal dorthin, vielleicht finden Sie da etwas Nützliches.»

Auf dem Weg nach Hause gingen wir durch einen Park, in dem das Denkmal eines Soldaten mit gesenktem Kopf stand. Mein Vater legte eine Pause ein, er rauchte zwei Zigaretten nacheinander. Das Papier mit der Adresse des Zentrums warf er in den Müll. Nosche und ich saßen auf einer Bank neben ihm. Wir wussten nicht, was ihn mit diesem Denkmal verband. Erst später, während meiner Lehre, fand ich heraus, dass mit diesem Denkmal die 121 Thurgauer Wehrmänner geehrt wurden, die während des Ersten Weltkriegs ums Leben kamen.

War das ein Zufall, dass dem ersten Brief unseres Vaters aus der Schweiz ein Foto von ihm vor diesem Denkmal beilag? Vater lächelte auf dem Bild und blickte zum Himmel.

Wir waren zu diesem Zeitpunkt im Iran, wohin meine Familie aus dem Irak geflohen war. Dort, in der Stadt Ghom, kam ich am 8. Mai 1992 auf die Welt. In einem kleinen Quartier eines offenen Lagers mit irakischen und afghanischen Flüchtlingen verbrachte ich meine ersten sechs Lebensjahre. Mein Vater trug mich auf seinen Schultern durch die engen Straßen des Quartiers zum Gemüsehändler. «Halte dich an meinen Kleidern und nicht an meinen Haaren.»

Unsere Wohnung dort war groß, aber ungeheizt, und der Winter in Ghom war lang und kalt. Meine Mutter gab uns warme Fläschchen, damit wir im Bett nicht froren. Es gab Wohnungen mit alten Holzöfen, aber auch unser Nachbar, der ein Festnetztelefon hatte, war ohne Heizung.

Ende Winter 1998, an einem Nachmittag, überbrachte uns Nahi, der siebenjährige Sohn unseres Nachbarn, die Nachricht, meine Mutter solle in einer Stunde dort sein, denn mein Vater würde dann nochmals anrufen. Wir gingen alle zusammen hin. Wir saßen still auf dem Teppich und beobachteten schweigend das alte Gerät. Auch meine Mutter starrte gedankenversunken auf das Telefon. Nosche und ich schlossen flüsternd Wetten ab, wann der Apparat klingeln würde.

Unsere Nachbarin hieß Besima, sie brachte uns ein Tablett mit Keksen und Schwarztee. Sie war die einzige Freundin für meine Mutter im Iran, und sie war immer schwanger. Sie hatte viele Kinder beiden Geschlechts und sagte, dass sie den großen Wunsch habe, ihr Dorf im Irak wiedersehen zu können. Sie hatte meiner Mutter viel von diesem Dorf erzählt, und wir durften dabeisitzen und mithören. Meine Mutter hat sie einmal gefragt, warum sie so viele Kinder gebäre. Sie lachte und sagte: «Mein Mann meint, Kinder zu machen sei die beste Möglichkeit, die Fremde zu vertreiben.»

Meine Mutter half Besima im Haushalt, vor allem in der Nacht vor dem Ramadanfest. In dieser Nacht begannen alle irakischen Familien im Quartier, gründlich das Haus zu putzen, auch die Vorhänge und Teppiche wurden gewaschen. Die Frauen halfen sich gegenseitig, und am Abend trafen sie sich bei der einen zu Hause im aufgewärmten Badezimmer. Die Männer gingen in den Hamam im Zentrum der Stadt. Nosche und mich badete Mutter mit Wasser aus einem großen Eimer. Ich weiß gar nicht, wie dieses Öl hieß, mit dem sie unsere Haare nach dem Bad massierte, aber seinen Duft habe ich noch heute in der Nase.

Plötzlich klingelte das Telefon. Die Stimme meines Vaters war deutlich.

«Habt ihr den Brief erhalten?», fragte er meine Mutter.

«Ja, auch dein Bild, wir haben es in der Küche an die Wand gehängt. Du siehst gut aus, in diesem Garten neben dieser Statue. Nosche und Aida nannten dieses Denkmal ‹Der Mann der Erde›; sie meinten, er halte den Boden fest. Aber du hast uns keine Adresse angegeben, wohin wir dir Briefe schicken können.»

«Welche Adresse? Bist du verrückt? Ich darf euch keine Adresse geben. Wer weiß, wer vor mir eure Briefe lesen wird. Auch das Bild, entferne es aus der Küche. Es ist nicht gut, wenn jemand weiß, wo ich bin.»

«Ja, ja, du hast recht», antwortete meine Mutter reuevoll.

«Jetzt musst du mir zuhören. Ich habe heute das Gesuch eingereicht, um euch hierherbringen zu können.»

«Ist das wahr? Meinst du wirklich, was du sagst? Wie können wir reisen? Wir haben gar keine Pässe.»

«Keine Ahnung, aber einige Iraker haben diesen Schritt als Erstes gemacht, nachdem sie hier Asyl bekommen haben. Sie sagten mir, die schweizerische Botschaft in Teheran würde eure Reise in die Schweiz übernehmen. Ich bin erst am Anfang und möchte sehen, wie sich die Situation entwickelt.»

Nosche und ich hörten das Wort «reisen» und drängten uns an die Mutter, ohne etwas zu sagen.

«Wie geht es den Kindern? Geht es ihnen gut?»

«Ja, es geht uns allen gut. Nosche geht wie immer zur Schule, aber jetzt nimmt sie Aida auf den Weg mit und bringt sie in den Kindergarten.»

«Gehen sie den ganzen Schulweg allein? Ist das nicht gefährlich?»

«Nein, mach dir keine Sorgen. Ich begleite sie ein Stück. Aber sag mir lieber, was wir jetzt machen sollen. Einfach warten? Rufst du uns wieder an?»

«Ich weiß es selbst nicht. Ich habe einen Termin mit der Frau, die für mich zuständig ist. Sie wird mir erklären, wie der nächste Schritt aussieht. Du darfst es aber niemandem in Ghom erzählen, dass ihr mir bald folgen werdet.»

«Wohnst du immer noch im Flüchtlingsheim, oder hast du jetzt eine Wohnung?»

«Ich habe eine kleine Wohnung bekommen. Hier ist

es schwierig, eine Wohnung zu finden, alles ist so teuer. Mit dem Geld von drei Monatsmieten hier kannst du in Ghom eine Wohnung kaufen.»

«Du machst mir Angst. Wie können wir denn dort überleben?»

«Hab keine Angst, sie übernehmen alles. Alles, was du jetzt machen musst, ist, auf die Kinder aufzupassen, und ich hoffe, dass ihr Anfang Sommer bei mir seid.»

Am Abend sprach meine Mutter mit Nosche, wie wichtig es sei, dass sie mit der Koranschule weitermache, um zahlreiche Texte auswendig zu lernen.

«Dieses Buch macht deine Seele rein», sagte meine Mutter und erzählte uns beiden eine alte irakische Geschichte, die wir einmal von Vater gehört hatten.

«Es war einmal ein Bauer, der auf seinem Feld lebte. Jeden Tag, wenn er mit seiner Arbeit fertig war, saß er in einer Ecke seines Hauses und las aus dem Koran. Sein jüngster Sohn, der neun Jahre alt war, bewunderte das und versuchte es auch. Aber nach zwei Tagen hörte er auf und ging zum Vater.

‹Ich habe versucht, es genau wie du zu machen, aber als ich den Text las, verstand ich kein Wort und fand es schwierig, dranzubleiben. Ich legte das heilige Buch wieder in den Schrank zurück und sah, dass kein Satz in meinem Gedächtnis geblieben war. Warum machst du das jeden Tag, Vater? Was nützt dir das?›

Statt einer Antwort verlangte der Vater den Korb, den sie für die Holzkohle benutzten. Der Korb war bunt und aus Palmwedeln geflochten.

‹Nimm ihn und bring mir Wasser vom Bach darin.›

Der Sohn blieb stehen. Wie soll man Wasser in einem Korb transportieren? Er tat es aber trotzdem.

‹Du musst ein bisschen schneller gehen, damit du das Wasser unterwegs nicht verlierst.›

‹Das ist aber unmöglich, Vater›, sagte der Sohn wütend. ‹Das Wasser sickert hindurch.›

‹Du musst dir mehr Mühe geben, damit du es behalten kannst. Also, geh jetzt.›

Der Sohn war überzeugt, dass er mit keinem Tropfen zum Vater zurückkehren würde. Er ging aber trotzdem, um seinem Vater zu beweisen, dass das unmöglich sei. Verzweifelt kam er zu ihm zurück.

‹Siehst du. Das hat keinen Sinn.›

‹Denkst du wirklich, dass das keinen Sinn hat?›, fragte der Vater und nahm den Korb. ‹Siehst du nicht, was passiert ist?›

‹Was denn?›

‹Der Korb ist sauber geworden. Man sieht nun alle Farben, die von der Schwärze der Kohle bedeckt waren, und das ist das, was mit meiner Seele passiert, wenn ich den Koran lese. Es gibt Taten und Worte, die uns innerlich und äußerlich rein machen, auch wenn wir sie nicht genau begreifen.›

Der Sohn nahm den Korb und sah wirklich, dass alle Farben wieder strahlten.»

Seit unser Vater weggegangen war, fragten wir immer wieder, wieso er verreist sei, wohin, wann er zurückkomme. Mutter erzählte uns jedes Mal etwas anderes.

Wir wussten, dass er geflohen war. Flucht war ein Dauerthema zu Hause. Viele unserer Bekannten aus dem Irak waren auch aus dem Iran geflüchtet. Mein Vater erzählte von Freunden in Australien oder Kanada, sogar aus Amerika habe er eine Postkarte erhalten. Einmal erzählte er von einem kleinen Boot mit irakischen Flüchtlingen, das kurz vor Australien gesunken war. Das sei die irakische Titanic gewesen.

Meine Mutter freute sich darauf, den Iran zu verlassen. Obwohl sie fand, dass die Fremde überall gleich sei, im Iran und anderswo. Immer seien wir weg von der Heimat.

«Wenn der Diktator gestürzt ist, kehren wir zurück. Wir sind geflohen, aber unsere Seelen sind im Schatten der Palmen am Ufer des Euphrats geblieben.»

Das waren Sätze von Vater. Auch die Aussprache, die Betonung oder die Bewegungen seiner Hände – alles hatte sie von ihm kopiert. Mein Vater hatte seine eigene Art und Weise, die Wörter auszusprechen. Und er wusste, wie man einen Satz leuchten oder erlöschen lässt. Wenn er das Wort «Heimat» aussprach, betonte er es ganz speziell und legte dabei seine Hand auf das Herz. Ich war fünf, als es mir auffiel. Nosche wollte wissen, warum es Muttersprache und nicht Vatersprache hieß. Es war zu Beginn der Sommerferien, wir saßen auf dem kleinen Balkon beim Frühstück. Vaters Antwort verstand ich nicht, auch nicht, warum mein Vater das Wort «Heimat» so bedeutungsvoll aussprach.

Er zog den Löffel aus der Honigdose, steckte ihn in den Mund und sagte: «Heimat ist wie der Honig; sie ist süß, sie kann uns heilen, und sie ist ewig, wenn wir sie vor dem Verderben schützen.» Dann leckte er seine klebrigen Finger ab.

«Aber Heimat kann man nicht essen», entgegnete Nosche.

«Ja, das stimmt, aber genießen könnte man sie», antwortete Vater. Dann sagte er: «Es heißt Muttersprache, weil die Mutter das erste Zuhause ist, in dem das Herz schlägt. Alles beginnt mit der Verbindung zur Mutter, und diese Verbindung bleibt immer da, auch wenn sie nicht mehr lebt.»

Mutter richtete sich stolz auf.

Unser Leben im Iran war wie das der meisten irakischen Flüchtlinge schwierig und perspektivlos, unser Alltag ein Kampf ums Überleben. Wir hatten keine Freunde, das Quartier war eine Ansammlung von Menschen, die wie Mücken umherschwirrten, ein Ghetto. Die Iraner sahen uns als Verräter an und als bloß halbe Schiiten. Auch der Kindergarten und die Schule machten keinen Spaß, alles mussten wir auf Persisch und Arabisch lernen. Oft saß Nosche mit angezogenen Beinen auf ihrem Bett und weinte. Sie musste in der hintersten Reihe sitzen, und die Lehrerin hat sie sogar geschlagen, weil sie nicht ruhig saß. Meine Mutter hat uns nie verteidigt, zu Nosche sagte sie, die Lehrerin habe immer Recht, und sie solle einfach gehorchen.

Nach dem Telefonat mit meinem Vater nahm meine Mutter ein grünes Stück Stoff. Es sah aus wie eines der Stoffbänder, mit denen wir Geschenke einpackten. Sie hielt den Stoff an ihren Mund und begann, Sätze und Wörter zu sagen. Außer «im Namen Gottes» verstanden wir nichts. Danach band sie das Stück Stoff an einem Ast der Weinrebe auf unserem Balkon, der nach Osten ging, zu einem Knoten.

Viele Jahre später nahm die Zahl der grünen Stoffe auf unserem Balkon in Frauenfeld zu. Ich fragte meine Mutter, wieso sie es immer wieder tue.

«Weil ich Wünsche habe», sagte sie. «Du musst jeden Wunsch in einen grünen Stoff sprechen und diesen an einen lebendigen Ast hängen. Aber bevor du ihn knüpfst, musst du davon überzeugt sein, dass dein Wunsch mit dem ersten Sonnenaufgang den Weg zur Erfüllung findet, wenn die grüne Farbe die Sonne als eine der ersten begrüßt.»

Als ich ihr sagte, dass unser Balkon in Frauenfeld gar nicht nach Osten ausgerichtet sei, schwieg sie.

Zwei Wochen nach Vaters Anruf fuhren wir nach Teheran zur schweizerischen Botschaft. Meine Mutter musste viele Papiere mit ihrem Fingerabdruck unterschreiben, und in drei Wochen sollten wir wiederkommen. Die Papiere waren auf Deutsch, Englisch und Persisch. Meine Mutter fragte einen jungen Iraner in der Botschaft, ob man in der Schweiz Persisch könne. «Ich weiß es nicht», sagte er. «Aber ich habe gehört, die Leute dort können fast alle Sprachen.»

«Gott sei Dank», flüsterte meine Mutter.

Auch Passfotos haben wir in Teheran gemacht, und das war das erste Foto von Nosche mit Kopftuch.

Am frühen Morgen des 17. Juli 1998 stiegen wir mit viel Gepäck in ein Taxi und fuhren zum Ghomer Flughafen, vorbei an unserer Schule und dem Kindergarten. «Die Schule der Knospen», las Nosche laut von einer Tafel, als wir an ihrer Schule vorbeifuhren. Der Rest der Fahrt verlief schweigend.

Beim Start des Flugzeugs hatte ich das Gefühl, mein Herz falle in einen tiefen, dunklen Brunnen. Meine Mutter hat gebetet.

«Jetzt sehen uns die Leute von unten», sagte Nosche lachend.

Meine Mutter versuchte, uns vom Fenster wegzuziehen. Es war wie im Traum, wir konnten es nicht fassen, dass wir wirklich auf diese roten Dächer herabsahen. Zwei große blonde Damen mit runden Gesichtern erklärten uns, was zu tun war, wenn das Flugzeug abstürzte. Dann bekamen wir Essen.

«Hier dürfen wir kein Fleisch essen», flüsterte uns Mutter zu und bestellte Käse und Apfelsaft. Sie selbst aß nichts und betete weiter.

Die meisten Frauen nahmen im Flugzeug ihren Schleier ab und wechselten sogar ihre Kleider.

«Ist es in der Schweiz verboten, ein Kopftuch zu tragen?», fragte Mutter eine Sitznachbarin.

«Nein», sagte die Frau, «aber diese Frauen müssen im Iran eines tragen, und sobald sie nicht mehr dort sind, gibt es auch keinen Grund mehr dafür.»

Nach ein paar Minuten zog meine Mutter ein gelbes Tuch aus ihrer Tasche, legte es über mein Haar und knöpfte einen Knoten unter meinem Kinn.

«Du bist ab jetzt verschleiert.»

Nosche und ich schauten Mutter schweigend an. Dann fragte ich sie, ob ich nicht auch ein Kopftuchfest bekäme wie Nosche.

«Aber natürlich», sagte sie. «Wir machen etwas Schönes für dich, sobald wir bei deinem Vater sind. Aber du musst von jetzt an immer daran denken, das Kopftuch zu tragen.»

«Aber sie ist erst sechs Jahre alt und nicht neun wie ich», bemerkte Nosche wütend.

«Das macht nichts. Euer Vater wird das Fest organisieren.»

Anfang Februar, kurz bevor uns Vater verließ, musste Nosche zum ersten Mal ihr Kopftuch tragen. Um Allah für seine Barmherzigkeit zu danken, dass das Mädchen gesund herangewachsen war, organisierte Mutter ein Fest neben einem heiligen Grab in Ghom, das «Pflichtfest». Sie lud irakische Familien dazu ein, kochte zwei Tage lang irakische und iranische Spezialitäten, und für die Süßigkeiten lieh sie sich von Besima kleine, verzierte Teller aus. Wir kleinen Mädchen sangen religiöse Lieder, einige Frauen lasen aus dem Koran vor. Nosche sollte verschleiert sein, wenn sie zur Frau wurde, das verstand ich erst später. Ab jetzt musste sie die schiitischen Rituale praktizieren, vor allem fünfmal am Tag beten. Nosche war stolz auf ihr Fest. Sie saß neben vielen Mädchen und sagte, dass sie niemals ihren schönen Schleier mit jemandem teilen würde. Ich beneidete sie.

Als wir auf dem Zürcher Flughafen ankamen, warteten eine Frau und ein Mann auf uns. Der Mann hat das kurze Gespräch zwischen dieser Frau und meiner Mutter übersetzt, dann musste meine Mutter zwei Papiere unterschreiben. Sie leiteten uns über viele Rolltreppen und Türen, alles war sauber, und fast alles war aus Glas.

Plötzlich sahen wir unseren Vater. Er stand hinter großen Glasfenstern und begann lächelnd zu winken. Er hatte ein bisschen zugenommen, und sein Dreitagebart machte ihn älter. Wir wollten schnell zu ihm laufen, aber die Frau und der Übersetzer führten uns in ein kleines Zimmer, wo sie uns Fingerabdrücke abnahmen. Dann wurden wir nacheinander fotografiert. «Nicht lächeln», sagte der Übersetzer. Dieses Foto war mein erstes Foto mit Kopftuch.

Unser Vater wartete mit einer zweiten Person auf uns. Er war sehr aufgeregt, und bevor er uns begrüßte, fragte er meine Mutter nach den Papieren. Erst, als sie ihm diese gab, umarmte er uns beide und gab uns eine Tüte mit Süßigkeiten.

«Die Kopftücher stehen euch gut», sagte er erfreut.

Mutter weinte und umarmte Vater schluchzend.

«Du brauchst nicht mehr zu weinen», sagte Vater zu ihr, «wir sind ja wieder zusammen. Das ist ein entscheidender Moment in unser aller Leben.»

Sein Freund reichte meiner Mutter ein Taschentuch. Es war Beyan, der Vater so viel erklärte und half in der Schweiz. Wir haben nie herausgefunden, warum unser Vater gerade auf die Schweiz als Asylland gesetzt hat – vielleicht wegen Beyan?

Wir waren sehr müde. Ich habe kaum wahrgenommen, wie uns Vater zum Zug brachte. Mit dem Einbruch der Dämmerung, die sich wie ein Schirm auf die Häuser, die Wälder und die Landschaft hinter dem Zugfenster legte, fuhren wir los. Nosche und ich saßen nebeneinander. Vater saß neben Mutter. Sie sprachen leise. Die ganze Fahrt, die uns unendlich schien, flüsterten sie miteinander. Nosche und ich haben stumm aus dem Fenster geschaut. Dann stiegen wir aus, und Vater führte uns wie blinde Menschen durch lange Straßen zu einer kleinen Wohnung. «Diese Stadt heißt Frauenfeld», sagte er, als er die Tür aufschloss.

Die Puppe der Geduld

Mutters Puppe. Warum habe ich meine Mutter nicht wieder nach der Puppe gefragt?

Eines Abends, der Holzboden unserer Nachbarn über uns knarrte wie immer, ein kalter Wind zog über unseren Balkon, Laub raschelte in einer Ecke. Mutter kochte Abendessen, sie trug ein knallblaues Kleid, die Haare mit einer schwarzen Haarschleife zusammengebunden. Sie bewegte sich leichtfüßig und sah jünger aus, als sie eigentlich war.

«Was ist mit dieser seltsamen Puppe neben deiner Nähmaschine?», fragte mein Vater, ohne aufzusehen.

«Sie gehört Aida, ich habe sie genäht und muss noch eine Stelle flicken.»

«Du kannst Puppen nähen?», wunderte sich Vater.

Erstaunt sah ich meine Mutter an. Ich hatte keine Ahnung, von welcher Puppe die Rede war. Ich hatte gar keine.

«Als du ganz klein warst – und in meinen Augen bist du immer noch klein, mein Mädchen, hast du die Puppen gerngehabt. Wie heißt deine Puppe?», fragte mich mein Vater.

Meine Mutter schaute mich eindringlich an und begann, stumm ihre Lippen zu bewegen.

«Ich überlege noch immer, wie ich sie nennen soll», sagte ich.

Mutter nickte erleichtert.

Nach dem Essen gingen Nosche und ich auf unser

Zimmer, Vater legte sich auf das Sofa und zappte zwischen arabischen Sendungen hin und her auf der Suche nach Nachrichten. Mutter stellte ihm eine Kanne Tee und die Zuckerdose auf den Tisch, *schai,* Schwarztee.

Hin und wieder ging er auf den Balkon, um zu rauchen. In den kalten Winternächten öffnete er nur das Fenster ein wenig und blies den Rauch aus dem Fenster. «Der Rauch kommt ins Zimmer zurück», klagte meine Mutter vergeblich. Bis elf Uhr abends schaute mein Vater fern, und wenn er auf dem Sofa eingeschlafen war, holte ihn Mutter ins Bett.

Mutter hatte sich im Schlafzimmer auf einem kleinen Tisch die Nähmaschine eingerichtet. Über dem Tisch hing ein Bild von uns in Ghom: Vater trug mich auf seinem linken Arm, Mutter stand neben ihm und legte ihre Hände auf Nosches Schultern. Erwartungsvoll starrten wir in die Kamera, hinter uns sieht man eine große Moschee.

Die Nähmaschine war aus dem Brockenhaus, alt und laut, und Mutter verletzte sich immer am Finger, wenn sie die Nadel wechseln musste. Mutter war keine Schneiderin, aber in Ghom hatte sie Stricken gelernt. Im Winter strickte sie uns Pullover und Mützen. Mit der Maschine wollte sie ihre alten Kleider auffrischen, die noch aus dem Dorf stammten und Fäden zu verlieren begannen.

«Hier findest du überall Schöneres als diese alten Kleider», sagte ihr Nosche.

«Ich weiß, aber in diesen Kleidern fühle ich mich so, wie ich bin. Schau, dieses blaue Kleid trug ich so oft bei der Arbeit in unserem Gemüsebeet. Wenn ich es jetzt anziehe, spüre ich den Sand unter meinen Füßen und sehe die ausgedehnte Landschaft vor meinen Augen.»

«Du kannst aber auch ohne dieses Kleid barfuß laufen, das ist gesund», mischte ich mich ein.

Später am Abend schlich ich zu Mutter und fragte sie nach der Puppe.

«Ist das ein Geheimnis?»

«Nein, kein Geheimnis, sondern eine Geschichte, die ich nicht erzählen möchte.»

«Warum nicht?»

«Es ist jetzt nicht die richtige Zeit, du wirst sie von mir später erfahren, versprochen.»

«Was spielst du mit dieser Puppe?»

«Ich spiele nicht, ich setze sie mir gegenüber hin, wenn ich nähe, und sie hilft mir.»

«Was? Die Puppe hilft dir beim Nähen?»

«Du stellst so viele Fragen. Sie hilft mir, damit ich mich weniger allein fühle beim Nähen, indem sie mir etwas erzählt.»

Ich nahm die Puppe und betrachtete sie von allen Seiten. Meine Mutter hatte sie eingekleidet. Sie trug einen gelben Rock und einen grünen Pullover.

«Mama, wie kannst du mit einer Puppe reden?»

«Es ist nicht so, wie du denkst. Man kann mit Gegenständen befreundet sein. Ich will meine Erinnerungen nicht verlieren, und die Puppe hört mir geduldig zu. Die Puppe verachtet sie nicht, und ich habe keine Hemmungen, ihr meine wahren Farben zu zeigen.»

«Menschen haben immer die gleichen Farben, wir sind doch keine Kleider.»

«In Ordnung, meine Süße, du darfst jetzt gehen. Ich muss die Maschen dieses alten Pullovers öffnen.»

«Nein, darf ich bitte noch bei dir bleiben, ich möchte so gerne sehen, wie du mit dieser Puppe redest.»

«Es gibt nichts Interessantes zu hören.»

«Bitte.»

Sie schwieg einen Moment und meinte: «In Ordnung. Dann kannst du zusehen, wie ich den Faden zu einem Wollknäuel aufwickle.»

Meine Mutter platzierte die Puppe vor sich auf dem Tisch und fuhr fort: «Diesen Pullover hatte mir meine Mutter in einem Sommer gekauft. Die Traubenernte verkaufte sich gut. Ich habe mich darüber nicht gefreut. Sollte ich mich über etwas freuen, was ich erst im Winter tragen konnte? Meine Schwester Karima merkte, dass ich wütend war: ‹Delal, du darfst dich nicht aufregen. Der Sommer ist die kürzeste Jahreszeit, sie verschwindet so schnell wie die Aprikosen – kaum werden sie süß, sind sie verschwunden›, versuchte sie, mich zu beruhigen.»

Meine Mutter schob die Puppe ein wenig nach links, damit sie ihr in die Augen sehen konnte. Sie legte den ersten Wollknäuel in eine Kiste.

«Wieso Aprikosen?», fragte ich.

Aprikosen gab es bei uns im Dorf nicht viele, und sie waren teuer. Wir hatten einen Baum im Hof, dessen Früchte wurden oft gestohlen», antwortete mir meine Mutter und schwieg einen Moment. Sie schaute mich nachdenklich an.

«Nun verschwinden die Jahreszeiten wie Wasser, das durch meine Hände rinnt. Ich weiß auch nicht, was aus unserem Aprikosenbaum geworden ist. Nicht nur der Sommer, auch der Winter war dort schön, obwohl der Regen uns viel Arbeit machte. Im Winter verkauften wir Datteln und Süßigkeiten. Bei guten Einnahmen begleitete ich meine Mutter am Freitag zum Fischmarkt am Euphrat.

Ich wünschte mir, ich wäre nie groß geworden. Wie schön waren die Winterabende im Dorf, obwohl unser Zustand schwierig war. Es gab auch Nächte ohne Abendessen, aber wir lachten über die Bitterkeit. Wir redeten über den Krieg, aber nicht nur. Meine Mutter erzählte uns viel von der Liebe. Sie betete für mich, damit ich einen guten Ehemann bekäme. Ihr Körper strahlte die Wärme der Morgensonne aus und schmeckte nach Erde. Das Lachen gab uns Hoffnung. Deine Großmutter meinte: ‹Wenn das Lachen verstummt, wird der Weg zur Liebe schwierig.› Unsere Nachbarn besuchten uns oder wir sie hin und wieder. Als unser Esel krank wurde, halfen sie uns, wir blieben die ganze Nacht wach, um das Tier zu pflegen.»

«Wurde er wieder gesund?»

«Ja, er hat es überstanden, aber er lebte dann nicht mehr lange. Auch er hatte eine schwierige Arbeit und musste den Rauch des Krieges ertragen.»

«Wie hieß der Esel?»

«Fahem», sagte sie. «Schau diese feine Wolle, sie stammt aus dem Südirak, viel Sonne befindet sich darin.»

«Wieso darf mein Vater nichts von dieser Puppe erfahren?»

«Er kennt die alte Geschichte von der ‹Puppe der Geduld›, er würde mich fragen, was ich ihr erzähle, und das will ich nicht.»

«Ist es ein Märchen?»

«Jetzt beginnst du schon wieder, nach der Puppe zu fragen. Du verlässt sofort das Zimmer», sagte sie gereizt.

Ich erschrak darüber, wie meine Mutter sich aufregte. Danach sah ich die Puppe nie wieder. Erst jetzt beim Schreiben wird mir deutlich, was diese Puppe für meine Mutter bedeutete.

Wie oft habe ich im Internet nach der «Puppe der Geduld» gesucht. Gefunden habe ich nur den kleinen Text einer irakischen Künstlerin in den Vereinigten Staaten: In den alten irakischen Kulturen hätten sich die Frauen eine Puppe geschaffen, wenn sie sich in der Ehe betrübt oder unterdrückt fühlten. Sie hätten sie meist aus ihren eigenen alten Kleidern genäht und dann ihr zu erzählen begonnen, was sie belastete. Eine Frau habe so die Ehe retten können, aber ihr Mann habe nichts davon wissen dürfen.

Mutter klagte nie, auch über die Arbeit nicht. Vater half nicht viel bei der Hausarbeit, zu Beginn hatte er eingekauft, im Lauf der Zeit gingen sie gemeinsam, meist in türkische Läden. «Die ständige Trennung des Abfalls macht mich verrückt. Wieso machen sie es so kompliziert, Karton ist doch auch Papier», jammerte er beim Altpapierbinden.

Nur einmal hörten wir ihn Mutter beschimpfen. Wir

waren im Auto unterwegs. Mein Vater fuhr, meine Mutter saß neben ihm. Sie wollte ihm helfen, weil er wie meist die Straße nicht fand.

«Ich fahre. Wenn ich den richtigen Weg finde, heißt es, du hast mir geholfen, und wenn ich mich verfahre, dann bin ich schuld. Halte deine Klappe.»

Meine Mutter schwieg und blickte aus dem Fenster.

«Wieso schimpfst du? Du könntest dir eine Straßenkarte kaufen! Jedes Mal verlieren wir Zeit in St.Gallen und du musst rumtelefonieren, um den Weg zu finden», reagierte Nosche darauf.

«Super, jetzt belehrst du mich auch noch, was ich tun und lassen soll! Und übrigens ist Schimpfen in der arabischen Kultur ganz normal», entgegnete mein Vater und fuhr weiter.

An diesem Tag musste er sechzig Franken Buße zahlen, weil er beim Fahren telefoniert hatte. Das war im Ramadan. Beim Fasten kriegt mein Vater schlechte Laune, weil er tagsüber nicht rauchen darf. Die Polizisten nahmen die sechzig Franken und halfen uns, die Adresse zu finden, weil Nosche sie nach dem Weg gefragt hatte.

«Bei den Ausländern nehmen sie das Gesetz beim Wort. Wieso sagst du Danke? Du redest, wenn man schweigen sollte. Machst du die Dinge absichtlich verkehrt?», sagte mein Vater und drehte sich zu Nosche um.

Wir versanken in Schweigen, bis mein Vater das Auto vor dem Haus parkte.

«Die Straße war ja gar nicht weit weg.»

Unsere Eltern fasteten jeden Ramadan.

«Ihr seid groß genug zum Fasten. Ich sag euch, wenn ihr dieses Ritual jetzt nicht lernt, wird es euch euer Leben lang schwerfallen», sagte Vater.

Ich machte zwei Jahre lang mit, Nosche spielte nur vor.

«Bist du verrückt? Faste nur zu Hause», riet mir Nosche.

«Meinst du, sie würden es nicht merken? Und was, wenn du beim Essen erwischt wirst?»

«Egal. Auch wenn sie es merken, werden sie wegschauen. Denkst du, sie haben nicht bemerkt, dass wir gar nicht regelmäßig beten?»

Zwei- bis dreimal besuchten wir im Ramadan andere Schiiten, Iraker, um mit ihnen das Fasten zu brechen. Jedes Mal an einem anderen Ort in der Ostschweiz, aber immer durch einen Vorhang getrennt oder mit einer künstlichen Wand wie im Spital.

Nosche und ich lauschten den Diskussionen der Männer. «Richtig fasten kann man hier vergessen. Es ist entweder neblig oder bewölkt, es ist unmöglich, die richtige Zeit des Fastenbrechens zu sehen», hörten wir Vater sagen.

«Das ist mir völlig egal, es muss ja nicht auf die Minute sein. Wer hat Allah denn schon mit einer Schweizer Uhr gesehen?», antwortete eine raue Stimme. Die Männer lachten, Nosche und ich kicherten leise.

Ich weiß nicht, was aus diesen Familien geworden ist. In Basel saß einmal eine irakische Familie neben mir im Tram, und die Gesichter der zwei Kinder sahen genauso aus wie die von Nosche und mir, wenn wir zu so einem Treffen mussten, an dem wir uns zu Tode langweilten. «Unsere Landsleute zu treffen macht die Fremde erträglich. Und es ist wichtig, dass ihr unsere Traditionen nicht nur von uns lernt», erklärte Vater sein Programm. Aber ich lernte nicht viel, egal, ob Tradition oder Religion.

Einmal beim Abendessen fragte mich Daniel, wo das Problem mit dem Händedruck eigentlich liege.

«Wieso dürfen Frauen den Männern die Hand nicht geben, wenn es der Koran nicht verbietet?»

«Ich habe nicht den ganzen Koran gelesen, aber vielleicht ist es traditionell so.»

«War es im Irak immer so? Wie war das bei deinen Eltern?»

«Ich erinnere mich nicht, dass das ein Problem war.»

«Waren deine Eltern nicht religiös?»

«Doch, wir sind Schiiten.»

«Ist das bei euch erlaubt?»

«Kannst du bitte diesen Ton in deiner Stimme mäßigen?»

«Welchen Ton?»

«Bei solchen Fragen schärfst du deine Stimme, sie kommt dünn und spitzig. Sie trifft mich wie ein Pfeil.»

«Was, Pfeil, du reagierst wie ein gespannter Bogen, wenn es darum geht. Ich wollte nur wissen, ob es bei Schiiten anders ist.»

«Keine Ahnung.»

Ich löffelte weiter meine Suppe. Nach dem Essen verschwand Daniel im Arbeitszimmer. Auf dem Tisch hinterließ er die Zeitung, aufgeschlagen bei einem Artikel über den Händedruck im Islam. Ich erinnerte mich an die Ermahnung Vaters: «Dem Fremden die Hand zu geben, ist der erste Schritt auf dem Weg des Verlustes. Tut es nicht».

Noch heute zittern meine Finger ein wenig, wenn ich einem Mann die Hand schüttle, als stünde mein Vater hinter mir. Wieso tu ich, als sei nichts?

Immer sprach Vater vom «Weg des Verlustes», ohne uns zu erklären, was er damit meinte. Seine Bilder verstand ich auch nicht, meist verband er sie mit dem Krieg.

«Einige Soldaten verloren ihre Füße in Minenfeldern. Ich glaubte ihnen damals nicht, wenn sie über Schmerzen im verlorenen Fuß klagten. Jetzt leide ich unter Schmerzen in meiner amputierten Seele, seit ich das Dorf verlassen habe. Wer bin ich hier? Ich bin wie ein Soldat, der sich in einem Schützengraben versteckt und zu vergessen versucht, dass der Graben sein Grab werden könnte», erklärte er.

Wir fanden ihn auch ungerecht, weil er uns verantwortlich machen wollte für seine Misere: «Ihr versteht nicht, wie das ist, wenn man sich nicht ausdrücken kann, weil man die Sprache nicht kennt. Als kleine Kinder habe ich euch getröstet, wenn ihr geweint habt, nun darf ich nicht mal meine Trauer erwähnen, dass ich meine Heimat und meine Sprache verloren habe.»

«Papa, was können wir dafür? Es macht mich auch traurig, dass du die Sprache nicht kannst», antwortete Nosche. «Wie wäre es, wenn du mit mir versuchtest,

Deutsch zu lernen? Jeden Tag eine Stunde zu Hause», fügte sie hinzu.

Nach einer Woche war mein Vater wieder verzweifelt.

«Ja, ich muss dieses Problem bewältigen. Ich habe mich heute sehr klein gefühlt, als die Kollegen in der Kaffeepause Witze erzählten und lachten. Ich verstand nichts und schaute nur in die Gesichter.»

«Warum machst du denn die Pause mit ihnen?», fragte Nosche etwas betroffen.

«Wir müssen zusammensitzen, weil der Chef manchmal die Arbeit in der Pause verteilt. Ich hasse es, wenn ich immer das Verb ‹machen› wiederhole, weil ich kein anderes kenne. Und keine Artikel zu benutzen macht mich zu einem Kindergärtler.»

«Vergiss die Artikel jetzt und konzentriere dich darauf, wie man die Verben konjugiert», erklärte Nosche Vater dann in der ersten Deutschstunde.

«Ich will mehr als fünfzig Verben korrekt konjugieren können.»

«Ja, aber was willst du mit den Verben allein, du musst den Satz richtig bauen können», belehrte ihn Nosche.

«Du machst es noch schwieriger. Wie soll ich mir das alles merken, was du da erklärst? Du bildest Sätze wie eine Reihe von stehenden Panzern, schwer und unbeweglich.»

«Papa, du musst die Sprache lieben, wie sie ist, sonst kannst du sie nicht lernen.»

«Wie kann man einen Panzer lieben? Und weshalb reißt du manche Verben auseinander? Du musst mir das mit den trennbaren Verben nochmals erklären.»

Nach zwei Wochen hörte mein Vater auf. «Es ist Zeitverschwendung. Mit einem durchlöcherten Eimer kann man kein Wasser aus dem Brunnen holen.»

Für Mutter war die Sache von Anfang an klar.

«Deutsch? Was soll ich damit? Ich brauche es nicht», sagte sie und besuchte nie wieder das Sprachcafé.

Meine Mutter mochte die Schule nicht. Kaum hatte sie die fünfte Klasse der Grundschule abgeschlossen, fiel ihr Vater bei der Dattelernte von einer Palme und blieb bis zu seinem Tod im Rollstuhl. Sie begann, ihrer Mutter beim Gemüseanbau zu helfen, statt weiter zur Schule zu gehen.

«Du hast einmal gesagt, die Geduld sei dein sechster Sinn», versuchte Nosche sie zu motivieren.

«Das hat nichts mit Geduld zu tun. Ich bin nur auf Arabisch geduldig. Ich habe den Satz ‹Ich habe Durst› gelernt. Aber Lust auf Wasser hat der Satz nicht ausgelöst. Die Wörter finden keine Wurzeln in mir, egal, wie oft ich sie mir vorsage, sie wollen nicht bei mir bleiben. Wir haben den schönsten Dialekt der Araber, und dem will ich treu bleiben», sagte Mutter.

Ich weiß nicht, mit welchem Ohr Mutter und Vater die irakische Sprache empfangen. Wenn ich die Iraker sprechen höre, sind die Panzer noch viel deutlicher zu hören, und es klingt scharf und direkt.

Auch die Stimme eines irakischen Moderators, die eines Tages in der Abenddämmerung durch unsere Wohnung dröhnte, das Abendessen stand bereits auf dem Tisch. Er kündigte die Hinrichtung Saddams an. Mutter blieb mit einem Teller in der Hand vor dem

Fernseher stehen, Vater drehte die Lautstärke auf und forderte uns mit einer Handbewegung auf zuzuhören. Nosche und ich saßen versteinert am Tisch und begannen, ohne sie zu essen.

Dann ging Vater ins Badezimmer, machte die Waschrituale und begann zu beten. Nach dem Gebet rief Beyan an.

«Endlich haben wir eine Heimat», sagte mein Vater am Telefon. Das Wort Heimat sprach er ein bisschen laut aus und tat, als sei er schon beim Kofferpacken.

Mutter ging auf den Balkon, blickte auf die Straße, die bis auf zwei nackte Bäume, auf die unser Nachbar Futter für die Vögel gehängt hatte, leer war. Sie murmelte ein paar Worte, die wir nicht verstanden. Ihre Stimme zitterte wie der Flügel eines Schmetterlings.

Am nächsten Tag sagte Vater beim Frühstück: «Wenn die Heimat tief atmet, wird die Fremde ersticken.»

Nosche und ich schauten einander stumm an.

Meine Mutter lächelte: «Die schönsten Tage sind diejenigen, die wir noch nicht erlebt haben.» Beide strahlten. Aber am Abend kam alles anders.

«Übersetzt mir bitte diesen Brief da!»

Vater trat mit einem Papier in unser Zimmer. Nosche begann zu lesen.

«Ich glaube, das ist wegen des Schimmels in der Wohnung. Haben sie geschrieben, wann sie den behandeln?», fragte mein Vater ungeduldig.

«Nein, nein, lass mich bitte fertiglesen. – Der Brief ist vom Sozialamt, es ist nicht erlaubt, ein Auto zu besitzen, wenn man gleichzeitig Sozialhilfe bezieht, steht hier.»

«Was? Bist du verrückt? Ich arbeite ja!»

«Das meint der Brief, nicht ich.»

«Lies weiter. Was wollen sie jetzt?»

«Das haben sie nicht geschrieben, sie haben uns nur einen Termin gegeben, an dem wir die Sache mit dem Auto und den Kosten erklären müssen.»

«Was soll ich da erklären? Ich fahre mit dem Auto zur Arbeit!»

«Ich weiß es nicht, schau hier, der Termin ist fett gedruckt.»

«Was für ein Schwachsinn, um diese Zeit muss ich bei der Arbeit sein!», ärgerte sich Vater und verließ das Zimmer.

«Ich arbeite fünf Tage in der Woche wie jeder andere. Das ist mein Lohn! Damit darf ich doch machen, was ich will!», hörten wir ihn in der Wohnung ausrufen.

«Reg dich nicht auf, wir nehmen die Papiere des Autos mit. Ich glaube nicht, dass sie es uns wegnehmen werden, wenn sie sehen, dass es nur vierhundert Franken gekostet hat.»

«Du verstehst nicht. Was mich wütend macht, ist nicht das Auto, es ist sowieso alt, sondern dass ich mit meinem Lohn nicht machen darf, was ich möchte. Ich hasse Züge und Busse, ich kann nicht ohne Auto zur Arbeit gehen.»

«Das sagen wir der Frau doch, wann ist der Termin?»

«Nächste Woche.»

«Das ist gut. Denn die schwarzen Flecken sind nun nicht nur im Bad, sondern auch an der Wand in unserem Schlafzimmer.»

«Nein, davon erzählen wir nichts, denn hoffentlich werden die schwarzen Flecken uns schon bald nicht mehr interessieren.»

Je mehr ich in meiner Geschichte grabe, desto intensiver spüre ich die Hilfslosigkeit meiner Eltern. Und ist sie nicht meine eigene? Ich zittere noch heute, wenn ich an das Theaterstück denke, zu dem mich Daniel eingeladen hatte. Es war ein Stück über den Islamismus in der Schweiz, ein Verhör eigentlich. Es brachte mir sofort die Terror- und Foltergeschichten aus dem Irak zurück, wie sie die Verwandten meiner Eltern erzählten.

«Winter 2007, nur eine Woche nach meinem 25. Geburtstag, wurde meine Firma in den nördlichen Teil des Iraks verlegt. Ich war zuvor nie in den Bergen. Unsere Firma hatte vom Staat den Auftrag erhalten, auf einem Berg neue Antennen für die Mobil- und Internetverbindungen einzurichten. Wir waren zu siebt, zwei Ingenieure und fünf Mitarbeiter. Nach drei Tagen, es war eine kalte Nacht, wurden wir von zehn Männern überfallen. Ihre Kleider und Bärte zeigten, dass sie zu Al Qaida gehörten. ‹Für wen arbeitet ihr Verräter? Wem übermittelt ihr Informationen?›, schrie einer. Er zog ein Papier aus seiner Jackentasche und begann, einen Vers aus dem Koran vorzutragen. Da wurde uns klar, was uns erwartete. Während des Lesens fesselten sie unsere Hände und stülpten uns eine Plastiktüte über den Kopf. ‹Wir haben niemanden verraten, wir sind nur Mitarbeiter einer staatlichen Firma!›, protestierte einer von uns. Sie schlugen ihn auf den Kopf und erschossen ihn. Sie reihten uns auf, und nach einer gefühlten Ewigkeit hörte ich die Worte *allahu akbar!* Ich schloss meine Augen und fühlte die Wärme meines Urins. Bis heute spüre ich, wie ein schwerer Körper auf mich fiel. Etwas Warmes floss von dem Körper über mich. Konnte es sein, dass ich immer noch lebte? Oder war das der Tod? ‹Mach zwei Fotos von diesen Schweinen und lass uns verschwinden›, hörte ich die Stimme, die den Befehl zum Erschießen gegeben hatte. Oh mein Gott, ich war nicht tot. Ich hörte, wie ihre Autos den Ort verließen. Die Wärme hielt nicht lange an. Ich war der Einzige, der am Leben geblieben war. Die ganze Nacht lief ich durchs Tal ins nächste Dorf mit zwei Kugeln in der Schulter. Noch immer spüre ich die Kälte in meinen Knochen.»

Steif klammerte ich mich an meinen Sitz und versuchte, meine zitternden Hände zu verbergen. Auf dem Nachhauseweg konnte ich nicht mehr verbergen, dass es mir nicht gut ging. Nach einer Weile fragte Daniel, was los sei.

«Ich habe Bauchschmerzen.»

«Schon wieder diese ewigen Bauchschmerzen. Du hast weder etwas gegessen, noch bist du krank.»

Ich reagierte nicht.

«Bist du sicher, dass du nur Bauchschmerzen hast?»

«Ja!»

«Ich habe das Gefühl, du solltest mir etwas sagen», bohrte er weiter.

«Ich habe nichts zu sagen», erwiderte ich.

Daniel schaute mir in die Augen. «Ich versuche nur

zu verstehen, wieso du manchmal naiv bist wie ein Kind und manchmal gleichgültig wie eine Maschine.»

«Ich bin weder Kind, noch bin ich kalt. Ich habe nur Bauchschmerzen und möchte möglichst bald zu Hause sein, um mir eine Wärmeflasche zu machen.»

Zu Hause entschuldigte ich mich bei ihm.

«Alles gut», sagte er und ging schlafen.

Ich füllte meine Wärmflasche und betrachtete das Wasser, wie es aus dem Hahn floss. «Fließendes Wasser verleiht Hoffnung», hörte ich meine Mutter sagen.

Zurück in die Heimat

Das Jahr 2015 begann gut. Ich liebte meine Arbeit und konnte meiner Lehre noch ein Praktikum anhängen. Endlich würde ich auf eigenen Beinen stehen.

Anfang Januar lud Daniels Vater uns ein, um das neue Jahr zu feiern. Es war das erste Mal, dass ich Daniels Eltern zusammen sah. Wir saßen im Restaurant Stelzenhof in Weinfelden. Aus dem Fenster sah ich eine winterliche Landschaft, und ich empfand eine Art von Leichtigkeit. Daniels Eltern begannen über den Maitanz zu reden, der jedes Jahr hier stattfand. «Erinnerst du dich? Wir waren um fünf Uhr da, und die Tanzfläche war schon voll», sagte Angela zu ihrem Ex-Mann.

Dass zwei Geschiedene so miteinander redeten und lachten, überraschte mich. Im Irak bricht mit der Scheidung immer ein endloser Krieg aus. Daniel begann, über die Rituale des Tanzes in verschiedenen Kulturen und Völkern zu reden.

«Auch im alten Ägypten gab es einen jährlichen Tanz, bei dem die Frauen sich präsentierten, um einen heiratswilligen Junggesellen auf sich aufmerksam zu machen. Was heißt Tanz auf Arabisch?», fragte er mich.

«Reqss», antwortete ich.

«Und wie schreibt man das?»

Er war stolz darauf, arabische Wörter zu kennen und schreiben zu können. Während ich das Wort schrieb, fiel mir meine irakische Freundin Amina ein. «Weißt du, was ich mir wünsche?», fragte sie mich. «Dass ich einmal im Leben rote Schuhe mit Absatz tragen und mit ihnen tanzen darf.»

Daniels Vater öffnete seine Tasche und zog eine kleine Tüte heraus. «Das ist für dich», sagte er zu Daniel.

«Was ist das?»

«Öffne es.»

Es war eine große Seife mit arabischen Schriftzeichen.

«Sie riecht gut», bemerkte Daniel und hielt sie unter meine Nase. «Riech mal. Was steht da?»

«Aleppo-Seife, aber ich mag den Duft nicht», sagte ich und stieß die Seife zurück. Dann stieg Übelkeit in mir hoch, ich entschuldigte mich und eilte mit schnellen Schritten zur Toilette. Nachdem ich mich übergeben hatte, schaute ich mich im Spiegel an. Ich war noch nie so bleich gewesen. Wieso passierte mir das alles? Wieso ausgerechnet diese Seife?

Es muss in den ersten Wochen unserer Rückkehr ins Dorf im Herbst 2007 gewesen sein. Onkel Hamza väterlicherseits kam zu uns nach Hause und brachte meinem Vater Seife aus Damaskus. Er war in Syrien gewesen. Mein Vater freute sich.

«Riech mal! Das ist die Richtige. Diese Seife wurde nur aus Lorbeerblättern und Olivenöl gemacht. Ich liebe sie!», sagte Onkel Hamza und hielt Mutter die Seife unter die Nase.

«Was für ein Glück, diesen Duft endlich wieder zu riechen und an die alten Zeiten zu denken», entgegnete meine Mutter und trug das Mittagessen auf. Sie drängten einander zu essen und waren gut gelaunt. Mein Onkel redete über die amerikanische Armee im Irak und die Situation in Bagdad. Nach kurzer Zeit im Dorf hatten wir uns an solche Diskussionen zwischen Vater und Onkel gewöhnt. Wir wussten, dass es Politik war. Verstanden haben wir nicht alles, ihr irakischer Dialekt war nicht einfach für uns, voller Wörter, Redewendungen und Sprichwörter, die Nosche und ich von den Eltern nie gehört hatten.

«Wir Iraker sind gelehrte Leute, auch wenn wir nicht alle studiert haben. Krieg, Diktatur und Terror waren unsere Dozenten. Gelernt haben wir Humor, Überleben und Hoffen. Im Krieg hat die Hoffnung ein bleiches Gesicht, sie kann verletzt und gelähmt werden, aber nie sterben. Die Hoffnung in uns Irakern ist etwas Göttliches, und darum ist sie unsterblich. Man kann sie sogar riechen, wenn im Frühling der Wind den Duft der Zitronen und Orangenbäume trägt», sagte Hamza einmal.

Mein Vater bemerkte, dass wir nicht aßen. Er schaute uns fragend an, und Nosche erzählte. Ein Gemüseverkäufer im Dorf hatte uns aus seinem kleinen Laden vertrieben, weil Nosche ihn gefragt hatte, ob sie ein Foto vom Gemüse aufnehmen dürfe.

«Ihr kommt aus diesem verdammten Westen, lauft hier mit euren Kameras auf den Straßen und Märkten herum und gafft, während wir unser Leben leben. Wieso wollt ihr uns fotografieren? Ist das hier für euch ein Museum? Haut sofort ab!», fluchte der Verkäufer wütend, und die Leute drehten sich nach uns um.

Sofort tauchte die Wutfalte auf der Stirn meines Vaters auf. Diese Falte habe ich auch, und es nervt mich, wenn ich sie spüre. Vaters Augen weiteten sich, und er maßregelte uns: «In der Heimat darf man sich nicht wie ein Tourist verhalten!» Und wieder diese Betonung von «Heimat»!

«Zeigt ihr mir den Händler? Ich werde euch begleiten. Hätte er gewusst, welcher Familie ihr angehört, würde er es nicht wagen, so mit euch zu reden.»

Mutter hatte uns die ganze Zeit angeschaut. Dann schickte sie uns auf unser Zimmer. «Ich habe euch gesagt, dass ein Mädchen ins Haus gehört.»

Deprimiert gingen wir auf unser Zimmer. Wir hätten jede für sich ein Zimmer nehmen können, da das Elternhaus, in dem Nosche geboren worden war, groß genug war. Wir teilten uns aber das größte Schlafzimmer im Haus. Es hatte ein Fenster nach Norden mit Blick auf eine Moschee mit großen Minaretten, von wo wir jeden Morgen früh aus dem Schlaf gerissen wurden, und auf eine Zeder im Garten, von der Mutter behauptete, sie sei gesegnet. Sie pflückte ab und zu ein paar Blätter davon und wusch sich damit ihren Körper.

Am Tag darauf kam Vater frisch aus dem Badezimmer in die Küche und sagte: «Bald werdet ihr im Dorf von den Menschen erkannt, und sie werden wissen, welcher Familie ihr angehört. Der Umgang mit Menschen hier muss umsichtiger sein. Ihr müsst begreifen, dass die irakische Gesellschaft anders aufgebaut ist. Mädchen werden es hier schwer haben, wenn sie in den Straßen herumlaufen und sich auffällig benehmen. Ihr dürft wieder unbegleitet zum Markt gehen. Gott möge eure Schritte segnen und euch den richtigen Weg zeigen.»

Dann verließ er die Küche, nur der Geruch der syrischen Seife blieb in der Luft hängen.

Kurz vor Mitternacht verließen wir das Restaurant in Weinfelden, der Himmel war klar, und die Sterne wirkten nah. Ich dachte an die Nächte im Dorf. Was machten meine Eltern? Im Irak war es kurz vor zwei Uhr morgens, bestimmt schliefen sie tief. Vielleicht drehte sich meine Mutter in ihrem Bett oder ging ins Badezimmer, um das Waschritual vor dem Gebet zu verrichten. Dann kehrte sie in ihr Zimmer zurück, um den Gebetsteppich auszubreiten, sich in Richtung Mekka hinzusetzen und Wörter zu sagen, die niemand außer ihr selbst hörte.

Beyan hatte von seiner Tante im Dorf gehört, dass sich meine Eltern kurz nach der Flucht von Nosche und mir getrennt hatten. Vater hatte das Haus natürlich nicht meiner Mutter überlassen, wie es Daniels Vater getan hatte. Sie war ins Haus ihrer Eltern zurückgekehrt, in das Haus, in dem sie aufgewachsen war und wo ihre einzige Schwester noch lebte. Tante Karima war drei Jahre älter als Mama. Sie hatte einen Soldaten geheiratet, der 1985 im Iran-Irak-Krieg fiel, danach kehrte sie ins Elternhaus zurück und lebte für ihre drei Kinder. Von der ganzen Familie blieben nur Tante Karima und der Feigenbaum, der den Familiennamen ihrer gefallenen Brüder trug und als Familienmitglied behandelt wurde.

Der Vater meiner Mutter war 1996 gestorben, als wir in Ghom im Iran waren. Ich erinnere mich verschwommen an die Trauertage, die mein Vater im Quartier organisiert hatte, und dass die Nachbarn für uns kochten und dass Nosche und ich mit Vater Mutter Essen ins Krankenhaus brachten.

Ihre Mutter starb im Sommer 2001. Wir waren in der Schweiz und erfuhren es per Telefon. Die Polizei kam, weil Mutter nicht still trauern konnte. Sie schrie und schlug sich ins Gesicht. Die Polizisten wollten meinen Vater mitnehmen. «Wieso haben Sie diese Spuren im Gesicht?», fragten sie Mutter.

Es war nicht einfach, die Polizei zu überzeugen, dass es keine häusliche Gewalt gegeben hatte. Mein Vater hatte schlimme Worte auf Arabisch gesagt. «Gott sei Dank, dass du es nicht übersetzt hast», sagte ich zu Nosche am Abend. Als die Polizisten die Wohnung verließen, rannten Nosche und ich zum Balkon, um sicherzugehen, dass sie auch wirklich wegfuhren. Wir waren nicht die Einzigen auf dem Balkon, die die Szene mit großem Interesse verfolgten.

Zwei Tage lang sprach Mutter nicht mit uns. Sie saß auf ihrem Gebetsteppich Richtung Süden und bewegte ihre Lippen, in ihren stummen Worten versteckten sich viele Sprachen. Ab und zu fasste sie nachdenklich den Stein an ihrem Ring an. Nosche und ich saßen neben ihr. Wir versuchten, sie zu trösten, fanden aber die richtigen Wörter nicht. «Wieso streichelst du diesen Ring?», fragten wir sie. Auf einmal sagte sie: «Das ist das Einzige, was ich von meiner Mutter habe.»

Jetzt sitzt sie im Irak, über den sie uns kaltblütig angelogen haben. Weshalb konnten meine Eltern sich nie damit anfreunden, in der Schweiz zu leben? Sie schilderten uns einen Wunsch-Irak, aber ihre Worte waren weder klar noch wahr. Sie wussten, wie das Land tatsächlich war.

Eines Nachts fiel wieder mal der Strom aus, und das Haus versank in Dunkelheit. Nosche und ich hassten das.

«Ihr habt den Sommer noch nicht erlebt. Es wird über fünfzig Grad im Schatten, und es gibt noch mehr Stromausfälle. Im letzten Sommer haben ein paar Jungs ein Ei auf dem Asphalt gebraten», scherzte Vater einmal.

«Ich kann mir nicht vorstellen, wie ein Spiegelei auf dem Asphalt aussieht», lachte meine Mutter mit. Nosche und ich schwiegen.

Wir hörten die Schritte des Vaters im Wohnzimmer. Er wollte kontrollieren, ob der Kühlschrank und die anderen Geräte sich automatisch abgeschaltet hatten, damit sie nicht kaputtgingen, wenn der Strom plötzlich wiederkam. Mutter folgte ihm.

Dann wurde es still, es war wie im Grab.

«Weinst du?», hörten wir plötzlich Vater fragen.

«Nein.»

«Aber sicher, du weinst. Was ist mit dir los?»

«Ich weiß es nicht, ich kann nicht schlafen», sagte Mutter. «Ich fühle mich bedrückt, meine Seele, ich bin einfach nicht zufrieden. Seit unserer Ankunft im Dorf sagte ich mir jeden Tag: Hier werden die Wunden der Fremde geheilt werden. Aber es ist nichts passiert. Ich fühle mich nicht wohl. Auch Karima, meine einzige Schwester – das Wiedersehen mit ihr hat mir zwar Leben ins Herz gebracht. Aber sie ist nicht mehr wie früher, ihre Gedanken, ihre Worte irritieren mich. Sie meint, ich sei nicht dieselbe wie früher. Ich weiß nicht, aber auch mit ihr fühle ich mich manchmal einsam.»

«Du hast ständig Gäste oder du bist Gast. Wieso sagst du mir das erst jetzt?», fragte Vater.

«Es wäre gelogen, wenn ich jetzt behauptete, dass ich unter Freunden und Verwandten keine schönen Momente spüre. Aber sie behandeln mich nicht wie eine von ihnen. Ich mag es nicht, dass sie mich ständig nach meinem Leben in der Schweiz fragen oder wie das Leben im Iran war und nicht nach meinem Leben hier. Ich dachte, wir seien hierher zurückgekehrt, um zu leben, und nicht, um gefragt zu werden, wie es irgendwo war und wer wir geworden sind.»

Sie schwiegen eine Weile. Wir hörten ihr Seufzen.

«Weißt du, Delal, auch ich fühle mich hier fremd», nahm Vater das Gespräch wieder auf. «Vielleicht ist ‹fremd› ein großes Wort, aber ich bin, ehrlich gesagt, nicht ganz da. Erinnerst du dich an die Operation, die ich in Frauenfeld hatte?»

«Ja, was ist mit dir? Hast du wieder Schmerzen?»

«Nein, nein, lass mich reden. Weißt du, nach dieser Operation brachten sie mich an einen Ort. Heute weiß ich, dass Patienten in diesem Raum wach werden. Als die Narkose nachließ, wachte ich immer wieder auf und sah viele Geräte. Jemand stand neben mir, und ich fragte jedes Mal: ‹Ist alles in Ordnung?› Der Pfleger beruhigte mich und sagte ganz langsam: ‹Ja, es ist alles in Ordnung. Sie kommen bald hier raus.› Dann schlief ich wieder ein. Immer wieder. Und jetzt fühlt sich mein Leben im Dorf an wie die Zeit im Aufwachraum: halb betäubt, und ich weiß nicht genau, wo ich mich befinde. Das größte Problem aber ist, dass niemand neben mir steht, den ich fragen kann, ob alles in Ordnung ist und wann die Narkose nachlässt. Auch du, Delal, du machst mich verantwortlich für alles. Wenn etwas klappt, dann ist es gut. Geht etwas schief, bin ich schuld.»

«Was willst du damit sagen?», unterbrach ihn Mutter.

«Ich weiß es nicht, es ist traurig. Ich habe mein halbes Leben auf der Flucht zwischen Saudi-Arabien, Iran, Türkei und der Schweiz verbracht. Die Hoffnung auf die Rückkehr hielt mich am Leben, aber jetzt scheint mir, es ist zu spät. Die Leute hier sind nicht ehrlich zu mir. Manche sagen mir, es sei ein Fehler, dass ich zurückgekommen bin, die anderen deuten es an. Ich weiß nicht, wo der Fehler lag: dass ich vor der Diktatur geflohen oder dass ich in meine Heimat zurückgekehrt bin. Ist es ein Fehler, dass man in seiner Heimat leben und sterben will? In der Schweiz fragte man uns ständig, wann wir zurückkehren würden. Und hier höre ich ständig die Frage, weshalb ich zurückgekehrt bin. Ehrlich gesagt, Delal, ich habe die Fremde noch nie so hart und scharf gespürt wie jetzt.»

Nosche und ich lagen starr, wir konnten nicht glauben, was wir hörten.

Die Dunkelheit dieser Nacht blieb lange an den Wänden des Hauses kleben, egal, wie hell die Sonne schien. Bis dahin dachte ich, die Rückkehr sei für meine Eltern eine Befreiung gewesen. In den ersten Wochen schien Mutter sich von Tag zu Tag zu verjüngen. Auch Vater begann, Kleider zu tragen, die er vorher weder im Iran noch in der Schweiz angezogen hätte. «Es tut der Seele gut zu spüren, dass man zurückgekehrt ist, auch wenn der Verstand nicht immer begeistert ist», sagte er zu Mutter.

In den ersten Wochen entdeckten wir das Dorf. Wir gingen zum Markt und spazierten in der Umgebung. Die meisten Familien hatten viele Kinder. Sie spielten auf Feldern und in Plantagen; eine Gruppe von Mädchen baute kleine Hütten aus getrockneten Palmwedeln. Auf den Straßen liefen viele Hunde und Katzen frei herum. Ich erinnerte mich an das Lachen meines Vaters, als er in Frauenfeld ein Inserat an der Fensterscheibe eines Gebäudes sah, auf dem stand, dass eine Katze vermisst wurde. Mein Vater wollte nicht glauben, dass es ein Honorar für Informationen über diese Katze gab.

Die Leute hatten viel Zeit, auch für eine spontane Begegnung, außer Nosche und mir schien niemand in diesem Dorf gehetzt zu sein. Der Gemüsemarkt war voll von Verkäufern und Besuchern, die Früchte und das Gemüse sahen wundervoll frisch aus. Auch mein Vater strahlte vor Freude. «Hier kann man mit den Leuten offen reden, natürlich ohne dabei zu viel preiszugeben. Im Irak muss man zuerst Nein sagen. Ein Ja kann gefährlich sein. Wer schnell mit Ja antwortet, wird unfair behandelt.»

Ich war verblüfft, aber zugleich verstand ich, wieso meine Eltern in der Schweiz fast immer Nein gesagt hatten. Auch wenn sie innerlich Ja meinten, begannen sie mit einem Nein.

Vieles über unsere Eltern erfuhren wir erst im Dorf. An einem Abend bescherte uns Mutter ein delikates Abendessen mit irakischen Spezialitäten und hervorragenden Süßigkeiten. Mein Vater war sehr gut gelaunt und plauderte ausgelassen mit Mutter.

«Freust du dich?», fragte sie ihn.

«Ja, und wie! Mehr als dreißig Jahre habe ich auf diesen Moment gewartet. Endlich darf ich wieder ein paar Worte auf die Wand unserer alten Mühle schmieren. Erinnerst du dich an den Duft des Lehms, wenn man etwas darauf schreibt?»

«Ja, natürlich! Als Kind schrieb ich die Wörter, die ich in der Schule lernte, mit kleinen Steinen auf die Mauer meines Elternhauses. Meine Mutter erlaubte es mir nicht, ich mache ja die Mauer kaputt. Wer hätte gedacht, dass ich diesen Duft so viele Jahre nicht mehr riechen würde!»

«Wann hast du das letzte Mal etwas darauf geschrieben?», fragte Nosche.

«Das ist sehr lange her», sagte meine Mutter und begann unvermittelt, die stets so geheimnisumwitterte Flucht aus dem Dorf zu erzählen. Mein Vater unterstützte sie dabei.

Am Morgen jenes 15. März 1991 fuhr ein kleiner gelber Lastwagen von Abu Rajat los. Dieser Lastwagen wurde jahrelang für den Erntetransport zum großen

Markt in der Stadt benutzt. Nun nahm er aber eine andere Richtung, nämlich nach Süden, und darin befanden sich weder Obst noch Gemüse, sondern Menschen auf der Flucht. Unter ihnen waren die 28-jährige Delal Schenschul und ihr 32-jähriger Mann Mansur Al Gamali, meine Eltern, auf ihrem Schoß trug Mutter meine Schwester Nosche, die fast drei Jahre alt war.

Nosche wurde am 24. September 1989 in Abu Rajat geboren. «An Nosches Geburtstag war euer Großvater väterlicherseits auf seinem Feld, als die Nachricht ihn erreichte. Er brach seine Arbeit ab und kam mit einem Korb Datteln zu mir. Für euren Großvater war Nosche nicht das erste Enkelkind, aber er war nach ihrer Geburt überglücklich. Auch euer Vater kam an diesem Tag früher aus der theologischen Schule in Nadschaf, wo er lehrte, zurück.»

«Als ich Nosche sah, nahm ich sie in die Hände und sprach ein Gebet in ihr rechtes Ohr: ‹Möge Gott dich zu einer guten, gehorsamen Muslimin machen›», sagte Vater.

Es sei nicht schwierig gewesen. Nosche hätte auch nicht viel geschrien, und die Hebamme meinte, sie habe niemals ein Neugeborenes mit so vielen Haaren gesehen.

Vater fuhr fort: «Am Abend schlachteten wir ein Schaf und luden viele Verwandte und Nachbarn zum Essen ein. Für ein Mädchen ist das nicht üblich im Dorf, ich habe es aber trotzdem getan, um meine Freude zu zeigen.»

Am nächsten Morgen bekam Nosche von Mutter die

wertvolle Goldkette mit dem blauen Edelstein um den Hals, und Mutter wiederholte den Satz, den sie von ihrer Mutter gehört hatte, als sie im August 1988 meinen Vater heiratete: «Die blauen Steine sollen dich vor bösen Augen schützen.» Meine Mutter ist abergläubisch. Sie glaubt, dass auch ein Lob oder ein Kompliment böse Blicke verursachen können. Manchmal verschwand sie in der Küche, wenn ihr Essen von den Gästen gelobt wurde.

«Die Flucht zur saudischen Grenze war sehr schlimm. Zum Glück hast du keine Erinnerungen daran», sagte meine Mutter zu Nosche. «Ich drückte dich an meine Brust und legte meine Hände auf deine Ohren in der Hoffnung, dass du den Lärm der Bomben und Schüsse nicht hörst.»

Zuerst weigerte sie sich, das Dorf zu verlassen. «Ich sagte, ich will nicht mit all diesen Flüchtlingen in den Süden gehen. Woher weißt du, dass diese Flucht unsere Rettung ist?» An Vater gewandt, fügte sie hinzu: «Du hast aufgebracht zu mir gesagt: ‹Du weißt nicht, was die Republikanische Garde mit uns machen wird, wenn wir hierbleiben. Du kommst jetzt einfach mit. Wir sind nicht anders als all diese Leute, die Richtung Süden fliehen. Sie sind sicher, dass es zwischen dem Irak und Saudi-Arabien ein amerikanisches Flüchtlingslager namens Rafha gibt.› Das beruhigte mich ein wenig. Auf dem Lastwagen begann ich dann, mir Gedanken über meine Mutter und meine Schwester zu machen, die im Dorf zurückgeblieben waren. Für eure Großmutter war es unvorstellbar, ihr Haus, ihren Acker und ihre Tiere zurückzulassen und zu fliehen.»

Als die Republikanischen Garden den ganzen Bezirk eroberten, flohen die Gebliebenen in die Palmenfelder oder zum großen Friedhof in Nadschaf. Später hörten sie schreckliche Geschichten aus den Dörfern, kollektive Hinrichtungen, niedergebrannte Bauernhöfe, Plünderungen.

Auch zwei Freunde von Vater wurden festgenommen und hingerichtet. Vater hatte mit ihnen zusammen die Rebellen mit Geld und Lebensmitteln unterstützt. Er verteilte auch aufrührerische Texte, obwohl er mit den Rebellen nicht nur einverstanden war. Erzählt hat er uns nie davon, nur einmal habe ich gehört, wie er Beyan vom Aufstand der Schiiten 1991 erzählte: «Die Rebellen haben alle Baath-Parteimitglieder umgebracht. Drei von ihnen wurden bei lebendigem Leib verbrannt. Sie fesselten sie an die eiserne Brücke, zogen ihnen Autoreifen über den Kopf, übergossen sie mit Benzin und zündeten sie an. Der schönen Brücke über dem Euphrat wurde jeder Sinn geraubt, sie diente nicht mehr dem Leben. Dieses Bild frisst mich auf, ich versuche, es aus meiner Erinnerung zu löschen, es ruiniert meine Seele.»

Die Fahrt in den Süden kam meinen Eltern vor wie eine Ewigkeit, die letzten Stunden durch die Wüste schienen kein Ende zu nehmen. Die Niederlage der irakischen Soldaten in Kuwait begleitete den Lastwagen, ausgebrannte militärische Fahrzeuge und Panzer standen herum, irakische Soldaten machten sich zu Fuß auf die Flucht. Sonst sah man nichts als die weite Leere der Wüste. Einmal verglich meine Mutter die Wüste mit einer Handfläche: einfarbig, trocken, klar und mysteriös. «In der Nacht leuchteten die Sterne unglaublich hell. Ich hatte noch nie Schwarz und Weiß in einer solchen Schönheit gesehen.»

Meine Eltern waren noch nie in einer Wüste gewesen. Einmal sei plötzlich eine Karawane von Beduinen mit ihren Kamelen aufgetaucht.

«Wie konnten sie sich mitten im Krieg so frei bewegen?», fragte ich Vater erstaunt.

«So sind die Beduinen. Sie haben schon immer ihre Freiheit gefunden. Vielleicht in den Sternen, an denen sie sich orientieren. Auch wenn Wolken sie verdecken, glauben sie daran, dass das nicht lange andauern wird. Bei den Beduinen bewegt sich alles, nichts steht still. Auch der Sand, die Dünen wandeln sich unaufhörlich. Wie schön, wenn wir wie die Beduinen wären. Sie tragen ihre Häuser mit sich, auch im Tod sind sie frei, sie haben keine Friedhöfe, keine Kriege. Ihre Verstorbenen begraben sie, wo sie sich niedergelassen haben, danach ziehen sie weiter.»

«Einer bemerkte, dass das Licht des Lagers schon in Sichtweite war», fuhr Mutter fort. «Der Fahrer hielt an und forderte uns auf, still zu sein, damit der Wagen nicht von den Saudis beschossen werde. Am Lagereingang stiegen zwei Soldaten in den Lastwagen, und die Zeit fror ein. Sie starrten uns an, als wären wir ein Korb wilder Pilze. Ohne Erklärung nahmen sie einen militärisch gekleideten Jungen mit. Dann befahl uns einer in seinem saudischen Dialekt, den wir kaum verstanden, auszusteigen und uns in zwei Reihen für die Registration aufzustellen. Eine für Frauen und Kinder, die andere für Männer. Inzwischen waren auch andere Lastwagen, Busse und Autos angekommen. Man sah zuerst den Staub und später das Fahrzeug, überfüllt mit erschöpften Menschen. Die meisten waren Soldaten, wir waren nur wenige Familien in der Reihe.»

Meinen Eltern wurde ein kleines Zelt zugewiesen, in dem sich zwei Betten, vier Flaschen Wasser, zwei Liter Milch und getrocknetes Brot befanden. Mutter erzählte lachend, dass sie bei dieser Gelegenheit zum ersten Mal in ihrem Leben einen blonden Mann mit blauen Augen sah, einen holländischen Arzt. Am nächsten Morgen bat Mutter den Vater, zurückzukehren.

«Dabei hast du die ganze Nacht tief geschlafen», wandte sich Vater an Mutter.

«Glaubst du das bis heute? Ich tat nur so, um dich zu beruhigen. Ich beobachtete die Saudis, die Stacheldraht um die Familienzelte verlegten. Die Einzige, die in dieser Nacht schlief, war Nosche.»

Der Tag begann mit einem Aufruf über Lautsprecher, alle Anwesenden sollten aus ihren Zelten kommen und sich in zwei Reihen aufstellen. «Sie haben uns Geschirr, Besteck, Bettlaken und anderes ausgehändigt. Jeder Familie wurde eine gelbe Karte übergeben, die mit persönlichen Daten ausgefüllt werden musste. Wenn man diese zurückgab, erhielt man eine Nummer. Anschließend erschien ein saudischer Soldat und verkündete über Lautsprecher die Regeln im Lager», erzählte mein Vater.

«Und?», fragte Nosche gebannt, wir hörten das alles

zum ersten Mal, warum nur hatten sie so ein Geheimnis daraus gemacht?

«Es war voller Vorschriften: Lebensmittel wurden am Montagmorgen verteilt. Medizinische Versorgung erhielt man nur in Notfällen. Die Reinigung der Zelte und der gemeinsamen Küche lagen in der Verantwortung der Flüchtlinge. Für sexuelle Belästigung gab es Gefängnis. Das Freitagsgebet war für alle Muslime Pflicht. Angehörige einer anderen Religion durften während des Gebets nicht herumlaufen. Jede Beleidigung der Scharia wurde mit Gefängnis bestraft. Die Rückkehr in den Irak war jederzeit möglich, man wurde von den Behörden bis zur Grenze begleitet. Allerdings gab es Gerüchte, dass man nicht zur Grenze, sondern einfach irgendwo in die Wüste gebracht wurde.»

«Du hast etwas Wichtiges vergessen», sagte Mutter. «Kinder zu zeugen war nicht erlaubt. Im Lager gezeugte Kinder erhielten keinen Geburtsschein. Kinder von Frauen, die schon schwanger angekommen waren, erhielten eine Flüchtlingsnummer.»

«Einmal kam Unruhe auf, weil Flüchtlinge die Badezimmerwände mit Sprüchen gegen die Wahhabiten vollgeschmiert hatten. ‹Haut doch ab! Was macht ihr hier bei uns? Saddam hatte offensichtlich seine Gründe, mit euch zu machen, was er will! Ihr Schiiten seid einfach Affen.› Das mussten wir uns oft anhören. Nach zwei Wochen sah man immer mehr blaue Augen und blonde Haare. Man sprach von Interviews, Dolmetschern, Ausweisen und Bestätigungen, von Ländern wie Kanada, Amerika, Australien, Schweiz, Schweden.

Ländernamen, die meine Eltern zuvor nur in den Nachrichten aufgeschnappt hatten. Freundschaften wurden geschlossen, Streitereien ausgefochten, es gab Geschichten, Betrügereien und Bestechungen von Saudis oder von Männern mit den blauen Augen. Nach etwa zwei Monaten wurden junge irakische Flüchtlinge vor den Augen der anderen von saudischen Soldaten ausgepeitscht, weil sie versucht hatten, aus Früchten Alkohol zu gewinnen», fuhr Vater fort.

Irgendwann tauchten religiöse Parteien auf. So erfuhr meine Mutter, dass mein Vater schon seit langer Zeit ein Mitglied der schiitischen Partei «Al Dawa» war. Porträts von religiösen Führern und Ayatollahs der Schiiten wurden aufgehängt, aber von den Beamten schnellstmöglich wieder entfernt.

Nach drei Monaten fuhr ein Jeep ins Lager, aus dem eine Frau und ein Mann ausstiegen. Beide waren jung und in Zivil. Sie lasen eine Liste mit Namen vor, unsere Eltern waren auch darunter. Die genannten Personen sollten im Büro der UN zu ihrem Asylgesuch befragt werden.

Vor dem Zimmer sagte ihnen ein Iraker: «Ihr seid eine Familie, ihr habt gute Chancen. Sie werden euch bestimmt aufnehmen. Erzählt einfach eine Geschichte, sie werden sie euch glauben.»

«Wir haben keine erfundene Geschichte. Wir erzählen einfach, was wir erlebt haben», erwiderte mein Vater und betrat mit meiner Mutter das Zimmer.

«Die Hauptfragen waren die gleichen, die uns sieben Jahre später in der Schweiz gestellt wurden: ‹Warum habt ihr den Irak verlassen, wie seid ihr hierhergekommen?›»

«Erinnerst du dich an den Wind an diesem Tag?», fragte Mutter. Vor dem Zelt schlug ihnen ein sandiger Wind ins Gesicht. «Der Sand ging direkt in die Augen und biss wie eine Schlange.»

Zwei Tage nach diesem Interview beschloss mein Vater, in den Iran zu gehen. Mutter war sofort einverstanden. «Es kamen immer wieder schiitische Führer mit einem Turban, die Leute in den Iran mitnahmen.» Es dauerte nicht lange, Vaters Al-Dawa-Partei organisierte alles. Sie wurden nach Riad gebracht und von dort nach Ghom geflogen.

Die Stimmen der Eltern waren immer müder und gleichzeitig schärfer geworden, und plötzlich verloren sie die Lust, weiterzuerzählen.

So war es, seit wir aus der Schweiz in den Irak zurückgekehrt waren, die Stimmung wechselte unberechenbar. Einmal kam Vater aus Bagdad zurück. Er wollte eine neue Landmaschine kaufen, aber er kam unverrichteter Dinge zurück wegen schwerer Terroranschläge und Autoexplosionen auf der Hauptstraße. Wütend schimpfte er: «Eines will sich in diesem verdammten Land nicht ändern, nämlich der sinnlose Tod», jammerte er. Und als ihm Mutter etwas erzählen wollte, meinte er nur: «Ich bin müde, ich gehe ins Bett.» Er ließ sie im Wohnzimmer sitzen.

Mutter hatte Frauen zu Besuch gehabt und zu ihnen gesagt: «Früher war es nicht so, dass sich die Frauen vor den Schwellen ihrer Haustüren versammelten, um die

Passanten zu beobachten. Inzwischen hat jede Gasse einen Frauentreff, und manche haben scharfe Zungen, die man fürchtet.»

Eine Frau antwortete ironisch: «Wir haben hier kein Kino oder Theater, auch kein Café für Frauen wie in der Schweiz. Wo sollen wir uns denn sonst sehen?»

Und eine andere fügte hinzu: «Ja, vielleicht im Schwimmbad?»

Alle lachten und schauten meine Mutter an. Sie schwieg und war so allein wie ein Hündchen unter Füchsen.

«Es ist ein Fehler, dass du nichts gesagt hast. Du weißt ja, dass die Frauen in der Schweiz sich nicht nur treffen, sie arbeiten auch. Was fürchtest du?», fragte mein Vater sie, als sie ihm die Geschichte schließlich beim Frühstück erzählte.

«Egal, wie ich rede oder was ich erzähle, die Frauen finden es hier entweder komisch oder nicht nachvollziehbar. Darum schweige ich lieber, ich fürchte, dass sie mich nicht mehr besuchen kommen.»

«Du bist aber trotzdem allein geblieben.»

«Ich weiß nicht, Mansur, aber ehrlich gesagt, als ich in der Schweiz war, waren mir meine Freundinnen im Dorf näher, als sie es mir jetzt sind.»

Die Welt meiner Mutter in Frauenfeld war bescheiden. Sie konnte die Sprache nicht und hat nie gearbeitet. Sie bewegte sich zwischen den Einkaufszentren in Frauenfeld, wo sie Lebensmittel und Kleider kaufte, und dem Hausarzt. Was sie selten verpasste, war der Flohmarkt.

«Ich staune immer wieder. Wieso kaufen die Schweizer Sachen, die sie nicht brauchen? Sie stellen sie unausgepackt auf den Flohmarkt. Sie sind fast gratis», wunderte sie sich, wenn sie uns zeigte, was sie erworben hatte.

Zum Hausarzt begleitete meist ich sie, zur Frauenärztin Nosche. Ich sei zu jung, um Frauensachen zu erfahren, dabei wusste ich mehr als Nosche. Meine Mutter hatte fast einen Herzstillstand, als ich ihr erklärte, dass ich genau wisse, wie ein Baby gezeugt werde.

Für sie zu übersetzen war schwierig. Ihre blumigen Beschreibungen von Rücken- und Gelenkschmerzen auf Arabisch konnte man nicht ins Deutsche übertragen. Und dann behauptete sie, ich sei schlecht in Deutsch, weil ich beim Dolmetschen weniger rede als sie.

«Wegen dir kriege ich immer wieder die gleichen Medikamente, die meine Schmerzen nicht lindern.»

«Gesund sein in der Fremde ist nicht möglich, denn der wahre Ort der Schmerzen ist immer die Seele», sagte Vater.

«Ja, jeder Tag hier lässt ein Stück meiner Seele leiden», antwortete sie.

Immer häufiger führten sie solche endlosen Gespräche über die Heimat. Flüsternd unterhielten sie sich über das Dorf und die Familie, danach gingen sie manchmal in ihr Zimmer und riefen im Irak an. Vor den Sommerferien 2007 kündigte Vater schließlich «eine schöne Reise» an.

Ich hatte eben das erste Jahr der Sekundarschule hinter mir. Meine Noten waren gut, und ich wollte ein paar

Kurse nehmen, um vielleicht die Aufnahmeprüfung in die Kantonsschule zu schaffen. Nosche hatte beschlossen, das zehnte Schuljahr zu besuchen, und war auf der Suche nach einer Lehrstelle, etwas im Architekturbereich wollte sie machen.

Von heute aus gesehen haben uns die Eltern mehr Steine in den Weg gelegt, als dass sie uns gefördert hätten. Viele Klassenkameraden fanden uns verschlossen. Die meisten Lehrpersonen waren tolerant. Natürlich störte sie, dass bei uns immer wieder etwas fehlte, ein Papier oder eine Unterschrift, die wir von den Eltern hätten mitbringen müssen. Die Sportlehrerin wurde einmal böse, weil ich nicht die richtigen Turnkleider mitgebracht hatte.

«Es tut mir leid, ich habe sie vergessen.»

Aber das war gelogen. Meine Mutter erlaubte mir die richtige Sportkleidung nicht, die Hose sei zu eng.

«Du darfst nicht einfach so deine Reize zur Schau stellen. Schäm dich und such dir was anderes aus.»

Ich ließ sie allein im Geschäft stehen und ging nach Hause. Am Abend sagte Vater zu uns: «Wir sind nicht dumm, auch wenn wir die Sprache hier nicht können und viele Dinge nicht verstehen. Aber es ist falsch, wenn ihr denkt, es mache euch zu besseren Ausländerinnen, wenn ihr dies oder jenes tragt oder eben nicht tragt.»

Aber die Hausaufgaben vergaßen wir nie, darauf waren wir stolz, auch wenn sich unsere Eltern nicht dafür interessierten, wie gut ich etwa in Deutsch, Französisch und Englisch war. Sie fragten mich nicht danach, und wenn ich von mir aus etwas erzählen wollte, meinte mein Vater bloß, er wisse, dass ich alles richtig mache.

«Du musst das nicht erzählen, Süße. Du bist ein tolles Mädchen, das wissen wir», sagte er und schaute zu Mutter. Und Mutter interessierte nur, ob ich mich anständig verhielt. Die einzige Sorge der beiden war, dass wir Muslime blieben. «Das Kopftuch ist kein Stück Stoff, sondern ein Teil eurer Identität», betonte Vater immer wieder.

Über die versprochene Reise machten wir uns keine Gedanken, denn wir dachten, sie sei eine weitere leere Versprechung unseres Vaters. Im Fernsehen versuchte die neue irakische Regierung, die Emigranten wieder für ihr Heimatland zu gewinnen. Sie seien reich an Geld und Bildung, meinte die Stimme, die regelmäßig in irakischen Sendungen zu hören war. Nosche und ich mussten lachen, wenn wir «reich an Geld und Bildung» hörten.

Drei Wochen der Sommerferien waren vorüber. Wir verreisten nicht und wussten auch immer noch nicht, wohin die Reise gehen sollte. Die meiste Zeit verbrachten wir vor dem Fernseher, auf Arabisch und Deutsch, wenn mein Vater auf der Arbeit war.

Dann rief er überraschend Beyan an. Vater begann, mit ihm zu reden, als ob er ihn erst gestern besucht hätte und als wäre nicht die Freundschaft vor einem Jahr zerbrochen. Er lud ihn auf den Samstag zum Essen ein.

«Ich wäre dir sehr dankbar, ich möchte etwas Wichtiges mit dir besprechen», beendete mein Vater den Anruf.

«Er mag *dolma* und *makluba,* würdest du das am Samstag zubereiten?», fragte er meine Mutter.

«Kommt er allein?»

«Ja, sicher. Ich habe ihm gesagt, es sei ein privates Gespräch. Es kann nicht sein, dass er Katrin mitbringt, ich kenne Beyan», sagte mein Vater bestimmt.

Nosche und ich freuten uns, Beyan war der einzige Bekannte unserer Eltern, der uns Hoffnung gab.

«Das Wichtigste im Leben in der Fremde ist, dass man nicht wie der Wiedehopf ist», sagte Beyan.

«Warum Wiedehopf, was meinst du damit?», fragte ich ihn.

«Das ist der einzige Vogel, der in sein Nest scheißt, weil er jedes Nest als provisorisch behandelt, und am Schluss hat er keines.»

Ich lachte. «Du pflanzt aber Blumen in deinem Nest», sagte ich.

«Ja, und ich hänge Bilder von Bagdad auf. Ich singe über diese Stadt und spüre, wie meine Seele leichter wird, wenn ich etwas über sie schreibe oder zeichne. Manchmal lege ich meine Hand auf die Landkarte des Irak. Ich versuche, den Tigris vom Ursprung bis zur Mündung mit meinem Finger auf der Landkarte zu verfolgen und fühle, wie er eine Spur hinterlässt, wie er in mir fließt und mir Leben und Hoffnung gibt. Ich verwandle die Fremde in Wörter, Musik, Farbe, Lachen, aber auch in Tränen und Begegnungen. Ich füge der Fremde den Duft der Erde hinzu, wenn es am Morgen regnet, und so wird meine Fremde meistens wie ein kleines Stück Kunst und manchmal etwas ganz Besonderes wie die Süßigkeiten, welche die irakische Mutter in der Nachbarschaft verteilt, wenn eine ihrer Töchter verlobt wird. Diese Mütter sehen nur die süße Seite, ohne sich zu fragen, was diese Beziehung wahrscheinlich erwartet.»

So ist Beyan. Lachend betrat er unsere Wohnung.

Wie Nosche und ich erwartet hatten, bedankte sich mein Vater nicht, dass er gekommen war, und entschuldigte sich auch nicht, dass er die Freundschaft mit ihm abrupt abgebrochen hatte. Dass ein Araber seine Fehler zugibt oder sich entschuldigt, gibt es selten, ich weiß nicht, ob das schon mal vorkam. Man beleidigt seine Männlichkeit, wenn man jemand spüren lässt, dass eine Entschuldigung fällig wäre.

«So eine *makluba* kriegt man nur bei dir, Delal. Wie oft habe ich euch schon gesagt, ihr solltet ein irakisches Restaurant im Thurgau eröffnen», lobte Beyan meine Mutter.

«Ja, in der Küche braucht man höchstens hundert Wörter. Man könnte sie zwanzig Jahre lang wiederholen ohne das Bedürfnis, sie auf hundertzehn zu erweitern. Das Wichtigste ist, dass man am Schluss ‹Isch es rächt gsi?› sagen kann», antwortete mein Vater ironisch. Beyan schwieg, meine Mutter seufzte tief, und wir schämten uns für Vater.

«Tee oder Kaffee?», fragte sie.

«Nach einem so guten irakischen Essen hätte ich lieber Schwarztee», antwortete Beyan.

Mein Vater schaute uns an. Wir verstanden, dass wir den Raum verlassen mussten. Wir gingen, lauschten aber natürlich hinter der Tür. Meine Mutter brachte den Tee aus der Küche und setzte sich neben Vater.

«Kann ich etwas tun? Ich höre», sagte Beyan.

Mein Vater räusperte sich und sagte: «Wir verließen den Irak, wir hatten Gründe und Träume. Der wichtigste Traum in uns, dass wir irgendwann zurückkehren werden, hat jetzt seine Zeit, sich zu verwirklichen. Jedes Jahr sagen wir uns, das nächste wird das letzte sein. Mit der Zeit akzeptieren wir das Leben in der Fremde. Die Kriege und Massengräber in unserem Land gaben uns immer vernünftige Gründe, den Aufenthalt in der Fremde in die Länge zu ziehen, aber bis wann? Ich glaube jetzt, dass der Hauptgrund, vor dem wir geflüchtet sind, nicht mehr da ist. Nach Saddams Sturz ist es einfach unmoralisch, wenn man sich in der Fremde aufhält.»

«Mansur, was willst du sagen? Ich verstehe dich nicht», entgegnete Beyan.

«Du verstehst sicher, was ich meine. Ich habe beschlossen, dass wir in die Heimat zurückkehren werden. Wir brauchen deine Hilfe, um einen Brief zu schreiben, in dem du den Behörden unser Anliegen erklärst. Ich meine, die Diktatur ist nicht mehr da. Ich will jetzt einfach den Traum der Rückkehr verwirklichen», sagte mein Vater etwas trotzig.

Beyan lachte, dann schwiegen sie.

«Warum lachst du?», fragte mein Vater dann.

«Ich muss lachen, weil du denkst, die Diktatur sei gestürzt worden. Bist du naiv? Hast du die Geschichte des Hahns vergessen? Die Teller zu wechseln heißt nicht, dem Essen einen guten Geschmack zu geben, mein Freund», antwortete Beyan.

Ich fragte Nosche flüsternd nach der Geschichte des Hahns. «Keine Ahnung», sagte sie. «Das können wir später Mutter fragen.»

«Du meinst die Milizen und den Bürgerkrieg? Es wird bald ein Ende nehmen, wenn die amerikanische Armee abzieht. Dann gibt es keine Gründe mehr, die Konflikte im Irak weiterzuführen», sagte mein Vater und schlürfte Tee.

«Zum Glück bin ich kein Politiker, aber ich bin der Meinung, die Kriege im Irak haben viele Wörter verletzt und andere sterben lassen: Sicherheit, Vertrauen, Zuverlässigkeit und andere mehr. Ich glaube, die Freiheit, die die Amerikaner gebracht haben, sitzt in einem Rollstuhl und wird sich nie selbständig bewegen können. Du kannst dich nicht auf das verlassen, was du im irakischen Fernsehen hörst. Glaub mir, wenn die Amerikaner einen zweiten Fehler begehen, ich meine, aus dem Land abzuziehen, dann wird das Chaos noch größer und unkontrollierter.»

«Du hast immer Hoffnung gepredigt, aber wenn es um den Irak geht, bist du pessimistisch. Uns ist es egal, es ist jetzt Zeit für eine Entscheidung. Das Leben hier ist zu hart. Wie ein Steinbock in den Alpen müssen wir ständig klettern, obwohl wir niemals in unserem Leben einen realen Berg gesehen haben. Wir sterben hier jeden Tag, dort werden wir aber nur einmal sterben.» Mein Vater betonte jede Silbe.

Beyan merkte, dass mein Vater die Rückkehr in den

Irak längst beschlossen hatte, wie ein Glücksspieler, der sein Spiel durchzieht, obwohl er weiß, dass er verlieren wird. Mein Vater war ein guter Spieler und zeigte nur sein Pokergesicht.

«Wir konnten im Iran sieben und hier neun Jahre lang leben. Die Zeit hat mit unserem Leben dasselbe gemacht wie die Sandstürme in Abu Rajat: Alles sieht schummrig aus. Dass wir bald gehen, ist im Moment unsere einzige Wahrheit», sagte Vater.

«Was ist Wahrheit? Sie ist nicht mehr, als an eine Illusion zu glauben. Du hast zwei Töchter, die sich hier eine gute Zukunft aufbauen könnten. Hast du dir darüber Gedanken gemacht?»

«Zukunft? Meinst du das ernst? Wir werden hier nie etwas werden. Seit neun Jahren leben wir in der Schweiz nur unter uns. Unsichtbar und leise bewegen wir uns wie Diebe. Für mich ist das Leben hier wie eine gerissene Perlenkette, plötzlich hat man nur noch die Schnur in der Hand und weiß nicht, was damit anfangen.»

Sie schwiegen eine Weile, dann fragte Beyan meine Mutter, was sie dazu meine. «Hier ist alles kalt und stumm. Es macht mich betrübt. Ich träume seit Jahren von meinem Dorf. Das Leben hier hat tiefe Spuren an meinem Körper und an meiner Seele hinterlassen, und ich glaube, es ist jetzt an der Zeit, Ruhe zu finden», antwortete meine Mutter.

«Ich respektiere eure Entscheidung. Ich hoffe aber trotzdem, dass ihr die Sache langsamer angeht. Der Bürgerkrieg dort zeigt im Moment sein allerhässlichstes Gesicht.»

«Zu Saddams Zeiten herrschte das Gefühl, es sei unmöglich, die Situation zu ändern; die Diktatur war stark und durchdrang alle Teile des Lebens. Es gab keine Hoffnung. Jetzt ist es ganz anders, klar, der Bürgerkrieg ist schlimm, aber die Hoffnung ist größer als die Verzweiflung. Der Krieg wird rasch gehen, glaub mir, mein Freund», antwortete mein Vater und fragte Beyan, ob er noch einen Kaffee trinken möchte.

«Nein, danke schön, ich muss gehen.»

«Aber du hast mir nicht erklärt, wie das mit den Behörden hier geht? Was sollen wir sagen?», fragte mein Vater.

«Ich bin mir nicht ganz sicher, aber ich glaube, die Gemeinde und das Migrationsamt sind verantwortlich für diejenigen, die freiwillig zurückkehren wollen. Weißt du, die Behörde freut sich sowieso, wenn sie Flüchtlinge loswird.»

«Also müssen wir keinen Brief schreiben?», fragte mein Vater weiter.

«Ich weiß es nicht. Am besten fragt ihr bei der Gemeinde. Wann wollt ihr zurückkehren?», fragte Beyan.

«So schnell wie möglich. Wir möchten nicht mehr da sein, wenn das neue Schuljahr beginnt», entgegnete mein Vater.

Wir waren geschockt. Der Wunsch unserer Eltern war für uns immer etwas Abstraktes, Fernes. Und jetzt sollten wir unsere Schule nie mehr betreten.

Als Beyan das Haus verließ, wünschte er noch ein Treffen, bevor wir zurückkehrten. «Aber natürlich», antwortete mein Vater und umarmte seinen Freund. Wir gingen, ohne Beyan noch einmal zu sehen.

Es war nicht schwierig für meine Eltern zu merken, dass Nosche und ich das ganze Gespräch mitgehört hatten. Wahrscheinlich waren sie sogar froh, dass sie es uns nicht selbst sagen mussten. Am Abend fragte ich Mutter, wann wir aufbrechen würden.

«Bald», war ihre dürre Antwort.

«Und was ist mit der Schule?», fragte ich weiter.

«Es gibt im Irak mehr als genug Schulen. Was denkst du? Dass wir euch in den Dschungel bringen?», antwortete sie spöttisch.

Vater sprach vorsichtiger mit uns über die Rückkehr: «Wisst ihr, wenn eine Biene stirbt, dann kommen ein paar andere und saugen etwas aus ihr heraus, man weiß nicht was. Vielleicht das Geheimnis der Bienen? So lebt das Geheimnis weiter. Dieses Geheimnis ist die Liebe zur Umgebung, zu der man sich zugehörig fühlt. Genau diese Art von Liebe zieht uns an, dorthin zurückzukehren. Dass ihr eine Schule besuchen werdet, kann ich euch versichern.»

Wie sehr wünsche ich mir, dass ich die Zeit zurückdrehen könnte, um meinen Eltern ein paar Fragen zu stellen. Warum behandelten meine Eltern ihre Heimat in der Fremde wie ein Pferd, auf dem sie versuchten, in die Freiheit zu reiten, ohne dieses Pferd zu verstehen? Heimat bedeutet mehr, als meine Eltern begriffen. Eine Heimat kann man nur dann verlieren, wenn man sie an einen Ort kettet.

Oder weshalb freuten sich meine Eltern nicht, dass sie den Krieg überlebt hatten? Wieso wollten sie nur im Schatten des Dorfs leben und ignorierten die Sonne anderswo, egal, wie groß sie war? Wieso fragten sie uns nie, ob wir im Irak leben wollen? Für uns war das Wort «Rückkehr» etwas Unbegreifliches, wir waren ja noch nie da. Und sie erzählten uns auch nie, wie sie den Irak vor der Flucht erlebt hatten. Erst im Dorf erfuhren wir etwas davon, aber von Tante Karima und Onkel Hamza. Wieso verschwieg Vater, dass er zwischen 1985 und 1986 in Bagdad im Gefängnis gewesen war? Dieses Jahr habe ihn zwanzig Jahre älter werden lassen, soll mein Vater laut Onkel Hamza gesagt haben, als er wieder zu Hause war. Ob mein Vater gefoltert wurde, wisse er nicht, und solche Fragen stelle man im Irak keinem, der aus einem Gefängnis des Geheimdiensts kam.

Das ganze Verfahren unserer Rückkehr in den Irak erledigte mein Vater erstaunlicherweise mit einem Übersetzer. «Ihr habt jetzt Sommerferien. Ich will euch nicht mit Dolmetschen belästigen. Genießt die Zeit. Ich werde schon schauen, dass alles richtig erledigt wird.»

An einem Montag kam mein Vater mit ein paar Papieren nach Hause zurück. Meine Eltern unterschrieben die Formulare der freiwilligen Rückkehr in die Heimat. Ein paar Tage danach besuchte uns ein Herr vom Sozialamt Frauenfeld. Er besichtigte die Wohnung und forderte uns auf, unsere Sachen mitzunehmen.

«Wir werden alle Möbel und Dinge hier in der Wohnung lassen. Ich kann das Geld der Rückkehrhilfe nicht für die Entsorgung ausgeben», sagte Vater.

Der Beamte akzeptierte das und wollte nur, dass wir unsere privaten Sachen mitnähmen. «Wir werden alles andere erledigen», sagte er und verabschiedete sich von uns. Die Freude in seinem Gesicht bestätigte, was Beyan gesagt hatte.

«Bald werden wir von diesem haltlosen Leben befreit. Wenn der Ort stimmt, dann wird auch die Zeit stimmen. Eine stimmige Zeit kann nie an einem falschen Ort sein», sagte Vater. Anfang September 2007 übergaben wir unsere B-Ausweise und Reisebewilligungen den Behörden. Der Flug wurde gebucht. «Warum gibst du die Ausweise und Dokumente ab? Wollt ihr nicht einfach in den Irak reisen, um zu sehen, ob ihr wirklich bleiben wollt?», hatte Beyan am Telefon noch gefragt.

«Es ist gesetzlich unmöglich, in den Irak zu reisen und wieder zurückzukommen. Da wird uns automatisch unser Asylrecht entzogen», antwortete mein Vater gereizt. «Dieser Beyan will uns nur zurückhalten. Ich verstehe nicht wieso.» Er wandte sich an Mutter. Sie zog ihre Schultern hoch, ohne das Kofferpacken zu unterbrechen. Wir nahmen nicht viel mit.

Am Freitagmorgen, dem 21. September 2007, drei Tage vor Nosches achtzehntem Geburtstag, flogen wir von Zürich nach Istanbul und von dort weiter nach Bagdad. Es war Herbst, aber es war wie im Sommer in der Schweiz. Onkel Hamza holte uns mit seinem modernen

Auto ab. Sein Arbeitsausweis half uns, die Checkpoints zu überwinden. Er arbeitete bei einem irakisch-amerikanischen Fernsehsender.

Mein Vater saß vorne und stellte unentwegt Fragen. Meine Mutter, Nosche und ich saßen hinten. Mein Onkel antwortete manchmal genervt, weil Vater ihn korrigierte. Dann sagte mein Onkel: «In ein paar Minuten erreichen wir Abu Rajat.»

Irgendetwas in meinen Gedanken brach ab. Ich empfing den Satz in Einzelteilen, wie wenn eine Welle am Strand auf den Felsen zurollt und beim Aufprall in tausend Einzelheiten zerbirst. Plötzlich tauchten vor meinen Augen die vielen Gelegenheiten und Anlässe auf, bei denen ich das Wort «Abu Rajat» von meinen Eltern gehört hatte.

«Wir sind sehr nahe. Ich rieche das Dorf», sagte meine Mutter. In ihrem Gesicht leuchtete eine Zufriedenheit, die ich vorher noch nie gesehen hatte.

Die ganze Familie meiner Eltern, die Nosche und ich nur vom Namen her kannten oder von den Stimmen durchs Telefon, empfing uns im Hof des Elternhauses, das meine Eltern vor mehr als sechzehn Jahren fluchtartig verlassen hatten.

Nach Saddams Sturz bekam mein Großvater das Elternhaus zurück. Zwei Monate vor unserer Rückkehr hatte er es komplett renoviert, vor allem die Badezimmer. Mein Vater wollte, dass die Badezimmer nach westlichem Stil eingerichtet werden: Badewanne, großer Spiegel, eingebauter Schrank und westliches WC, was man im Irak selten findet. Jeden Tag zu duschen, war im Dorf unmöglich, weil es zu wenig Wasser gab. Mein Großvater hatte einen Wassertank auf das Dach gebaut, das Problem war nur, dass das Wasser manchmal wie gekühlt aus der Leitung kam.

Nach der Flucht meiner Eltern 1991 wurde das Haus geplündert. Auf der großen Terrasse hatte ein General eine Waffe installiert. Bis 2003 besetzten Generäle der Baath-Partei und militärische Einheiten das Haus. Der letzte Bewohner war ein Offizier. Er verließ es, als die amerikanischen Panzer Ende März 2003 von Süden Richtung Bagdad fuhren. Als mein Großvater das Elternhaus von der Übergangsregierung zurückbekam, fand er nur noch eine Ruine vor. Außer der Zeder war nichts von früher geblieben.

Mit einer schwarz-weißen Kufiya, dem arabischen Männerkopftuch, stand mein Großvater mitten im Hof des Hauses. Er war klein und mollig, viel älter als auf dem Bild, das mein Vater in unserer Wohnung an die Wand gehängt hatte. Mein Großvater hatte zum zweiten Mal geheiratet, als seine erste Frau krank geworden war und ihr Bett nicht mehr verlassen hatte. Er hatte fünf Söhne und eine Tochter aus seiner ersten Ehe. Mit der zweiten Frau hatte er nur einen Sohn, und dieser jüngste Onkel Rahman war ein Jahr älter als Nosche.

«Ahlan wa sahlan, herzlich willkommen zu Hause, alle warten auf euch», sagte er freudig. Neben ihm standen andere Männer, ebenfalls Familienangehörige. Auch sie trugen dunkle, weite Umhänge über den Schultern und auf dem Kopf die Kufiya, zusammengehalten von einem Ring aus schwarzem Ziegenhaar. Ein paar

Frauen und Kinder standen an, um uns zu umarmen. Wir wurden wie Könige empfangen. Meine Mutter weinte an der Schulter ihrer Schwester. Tante Karima wischte die Tränen ab. «Freudentränen haben einen schönen Duft», meinte sie, überall sprudelten Liebesworte. Dass wir aus der Schweiz kamen, hatte von Anfang an eine ungeheure Aufmerksamkeit erregt, und die Familie meines Vaters verherrlichte uns, als ob wir die Stellvertreter des Glücks seien.

Mein Vater küsste die große, faltige Hand seines Vaters, und so taten es Nosche und ich ihm gleich. Das kannten wir bereits aus der Schweiz. Beim Ramadanfest begannen wir den Tag mit einem Kuss auf die Hand unseres Vaters. Mein Großvater schien vital zu sein, obwohl er zu diesem Zeitpunkt schon über siebzig war. Vater hatte einmal über ihn gesagt: «Mein Vater ist wie der Abgrund eines Ozeans, es braucht ein Erdbeben, um ihn zu bewegen.» Was er mit «bewegen» gemeint hatte, wurde mir im Dorf bald klar. Großvater redete nicht viel, und außer an seinen Bäumen und Plantagen zeigte er kaum Interesse an etwas. Er blieb auch nicht lange in Räumen, wo seine Meinung nicht gehört wurde. Sommer wie Winter arbeitete er auf seinen Äckern. Mit seinen Mitarbeitern redete er mit leiser Stimme, auch wenn es Befehle waren. Im Dorf genoss er eine gewisse Autorität, sodass sein Wort meistens respektiert wurde.

Abends versammelte sich die große Familie im Haus von Onkel Hamza, dem Lieblingsbruder meines Vaters.

Zwei Tage nach unserer Rückkehr gingen wir durchs Dorf. Überall standen Dattelpalmen, Oliven- und Zitronenbäume, vom Herbst war nichts zu spüren. Die Menschen schauten uns merkwürdig an.

«Gehen wir zum Euphrat? Ist er nahe von hier?», fragte Nosche.

«Aber sicher gehen wir dorthin, er ist in der Nähe des Hauses eurer Großeltern. Ihr werdet vor dem Fluss stehen, und wer vor dem Euphrat stehen darf, der soll ihn nicht nur sehen, sondern ihm auch zuhören. Sein Geräusch verleiht Kraft und Hoffnung. Und wer vom Euphrat trinkt, wird immer wieder zu ihm zurückkehren», sagte Vater und blieb für einen Moment still, wir schauten ihn an, er stand da wie einer, der die Tür hinter sich schließt und einen Moment erstarrt, weil er glaubt, drinnen etwas vergessen zu haben.

«Auf dieser Erde, auf der wir jetzt gehen, befinden sich Spuren unserer Vorfahren. Sie betraten diesen Sand mit ihren nackten Füßen und pflanzten für uns diese Bäume; Heimat ist da, wo die Bäume die Namen der Menschen tragen, die sie gepflanzt haben», sagte Vater und zeigte auf die Bäume, als würden sie ihn hören.

«Aber vieles hat sich verändert; Häuser stehen dort, wo früher auf Feldern gearbeitet wurde», sagte meine Mutter und sah Hamza fragend an.

«Ja», seufzte Vater, «ich sehe die Lehmhäuser mit den alten Holztüren nicht mehr. Ich hoffe, die Wege erinnern sich noch an unsere Schritte. – In diesem Haus roch ich zum ersten Mal den Duft des Fladenbrotes und lernte die Buchstaben des Flusses.»

Es sah von vorne wie eine alte Villa aus, die im Grünen versank. Großvaters Haus wurde von meinem

Urgroßvater 1958, bevor das Königreich im Irak zerfiel, erbaut. Über der Eingangstür stand: «Treten Sie sicher ein.»

Mein Vater hob den Blick nach oben, nickte und sagte dabei: «Von diesem Satz habe ich oft geträumt!»

Sieben Schlafzimmer, eine große Küche, drei Badezimmer und einen großen Saal bot das Haus. Die Decke war hoch. Ich liebe hohe Decken. Unter hohen Decken zu schlafen, vergrößert meine Träume. Wir mussten unsere Schuhe ausziehen, als würden wir eine Moschee betreten. Mit der Zeit bemerkten wir, dass die meisten Dorfbewohner beim Betreten ihrer Häuser die Schuhe draußen ließen.

Viele Verwandte und alte Freunde meiner Eltern kamen uns besuchen. Die Gäste sprachen laut, die Männer saßen im Saal und füllten ihn mit Zigarettenrauch und Sockengestank. Die Frauen weilten in der Teestube, wo Kardamomdüfte aufstiegen. In beiden Gruppen wurde mit vollem Mund geredet und geschmatzt. Zwei Frauen, mit denen meine Mutter eng befreundet war, küssten uns ständig, auch wenn sie erst kürzlich noch bei uns gewesen waren. Mutter schaute uns streng an, wenn wir den Speichel von unseren Wangen wischten.

«Riechst du das auch?», fragte Vater meine Mutter. «Das ist der Geruch der Wände.»

Sie gab ihm keine Antwort.

«Weißt du, Mansur, vieles trägt noch immer den Geruch der Diktatur», sagte Onkel Hamza.

Ich wusste aber, was mein Vater meinte, meine Primarlehrerin hatte mal gesagt: «Zu Hause ist für mich, wenn ich im Herbst den Geruch der Zuckerrüben in Frauenfeld rieche.» Für meine Mutter war der Geruch der Zuckerfabrik etwas Ekelhaftes, und sie machte die Fenster zu.

Am nächsten Tag kam Mutter traurig nach Hause, weil sie den Weg zu der alten Mühle nicht mehr finden konnte.

«Das ist normal», versuchte mein Vater sie zu trösten.

Sie fand seinen Satz beleidigend. «Nein, das ist nicht normal, Mansur», antwortete sie.

Ich verstand nicht, wieso meine Mutter nicht einfach nach dem Weg fragte. Erst viel später ist mir klar geworden, wie sie sich dabei fühlte. «Die schlimmste Form der Entfremdung ist, wenn man den Weg zum Haus, in dem man aufwuchs, nicht mehr weiß und danach fragen muss», sagte mir Darius, mein iranischer Arbeitskollege in der Bibliothek, mit dem ich manchmal Persisch zu reden versuche. Er lebte seit mehr als zwanzig Jahren in der Schweiz. Kurz nachdem er einen Schweizer Pass erhalten hatte, besuchte er seine Heimatstadt Shiraz im Iran. «Ich weinte, als ich feststellen musste, dass ich die Straße zum damaligen Großelternhaus nicht mehr finden konnte, und es tat mir weh, danach fragen zu müssen.»

Ich habe kein Haus, in dem ich geboren oder aufgewachsen bin. Wenn die Rede auf den Irak kommt, quält es mich bloß, und ich empfinde meine Seele wie einen Haufen trockenes Heu. Er braucht nur einen Funken, um ihn in Asche zu verwandeln. Meine Geschichte ist verknüpft mit dem Schweigen darüber, das Schweigen wurde für mich eine Sprache, die Daniel nicht versteht. Wer mein Schweigen nicht begreift, wird mein Sprechen nicht verstehen.

Bagdads Pulverturm

Am 8. Mai 2002 wurde ich zehn Jahre alt. Beim Abendessen fragte Vater: «Was habt ihr heute in der Schule gemacht?»

«Nichts Besonderes. Die Lehrerin hat mir gratuliert, die Klasse hat gesungen, dann hat sie einen Kuchen für uns alle angeschnitten.»

«Deinen ersten Geburtstag haben wir im Mai 1993 im Iran gefeiert, auf dem großen Platz des Flüchtlingslagers Ordiga, kurz danach durften wir in die Stadt Ghom umziehen. Ein weiser Gelehrter aus Nadschaf segnete dich mit Versen aus dem Koran. Der Platz war ein schöner Garten mit großen Bäumen und einem Brunnen in der Mitte. Viele Flüchtlingskinder spielten da», erzählte mein Vater.

«Ja, und nur der liebe Gott weiß, wohin sie alle in die Welt verstreut wurden», fügte meine Mutter hinzu und gab uns Reis mit Sauce.

Meine Eltern erzählten mir nie, warum es mich gibt. Nur Familien mit mindestens zwei Kindern durften das Lager an der Grenze zum Irak verlassen. Dann wurden sie in verschiedene iranische Städte gebracht. Also wurde ich aus Hoffnung auf eine gewisse Freiheit gezeugt. Sie hatten Angst, für Jahre im Lager festzusitzen. Meine Mutter riskierte dabei ihr Leben, nach Nosches Geburt verlor sie ein Kind, es musste abgetrieben werden, weil meine Mutter Herzprobleme hatte und hätte sterben können.

Auch das weiß ich nur von Tante Karima. Genauso, wie meine Eltern sich kennengelernt hatten. «Du kannst mich immer fragen, wenn du etwas wissen möchtest», sagte sie.

Am Vorabend unserer eigenen Flucht aus dem Dorf waren Nosche und ich wie gelähmt. Wir weinten zusammen, später weinte ich für mich allein. Mutter betrat unser Zimmer, um es gleich wieder zu verlassen, ohne irgendetwas zu bemerken. Sie fragte nie, wie es uns ging; alles Mögliche im Dorf interessierte sie, nur unsere Gefühle nicht.

Bestimmt dachte sie, dass wir schliefen. Aber ich schlief nicht, ich dachte über unser Leben nach. Hätte es anders kommen können? Warum war mein Vater nach Europa geflüchtet, obwohl er das Leben im Westen als Irrsinn betrachtete? «Wisst ihr, was der Westen auf Arabisch ist? Er ist *ghrab,* das bedeutet nicht nur Sonnenuntergang, sondern auch Verschwinden», erklärte er mir einmal.

Für mich aber war im Irak inzwischen Flucht das Einzige, was ich nicht bereuen würde. Nach drei Monaten war uns klar geworden, dass wir wertlos und rechtlos waren und dass ein Kampf dagegen nutzlos war. «Wir müssen unser Leben in die eigenen Hände nehmen, und das geht hier nicht», sagte Nosche. «Wir müssen fliehen.»

Ich hatte es kommen sehen. Was sollte schlimm daran sein? Wieso sollten wir uns zerreißen, um noch etwas Positives an unseren Umständen zu finden? Ich hasse diese blöde Redensart über das halbvolle Glas. Was für ein Selbstbetrug, ein halbleeres Glas als halbvoll hinzustellen!

Beyan und Katrin waren unsere einzige Hoffnung. Sie hatten uns sofort verstanden. Sie waren auch unser einziger Kontakt nach draußen. Heimlich, unsere Eltern tolerierten keine Beziehungen zur Schweiz mehr. Zwei Tage nach unserer Ankunft zog mein Vater unsere Handys ein und gab uns neue, unsere Schweizer Kontaktdaten waren alle weg.

Die Eltern erlaubten uns nichts als unsere Kleider und Schuhe aus der Schweiz mitzunehmen, nur Nosche beharrte auf einem weiteren kleinen Koffer. In diesem verwahrte sie Spielzeuge, einige Bände von Harry Potter und andere Bücher auf Deutsch. Darin fanden wir eine Visitenkarte von Beyan. Auf Deutsch und Arabisch stand darauf: «Beyan Al Razzaq, Dolmetscher und Arabischlehrer.» Er verdiente seinen Lebensunterhalt aber als Postautofahrer in Frauenfeld. «Im Bus habe ich Katrin kennengelernt und drei Tage danach den Chef gefragt, ob ich meine Schicht ihrer Rückkehr von der Arbeit in Steckborn anpassen könne», erzählte er einmal lachend.

Zum Telefonieren mit Beyan und Katrin mussten wir uns in der Plantage unseres Großvaters verstecken oder im Kuhstall. Guthaben hatten wir keins, Beyan musste uns zu verabredeten Zeiten anrufen, und es klappte auch meistens.

Unsere Entscheidung fiel endgültig, nachdem meine Mutter mit Nosche über das Heiraten gesprochen hatte.

«In zwei Jahren wirst du zwanzig, und wenn du dich bis dahin nicht verlobst, was wir alle nicht hoffen, bist du auf dem besten Weg, als alte Jungfrau zu enden. Eine unverheiratete Frau im Dorf stellt den Ruf ihrer Familie in Frage und bringt Unglück, außerdem hat eine Frau über zwanzig kaum mehr Chancen zu heiraten. Wir müssen etwas unternehmen.»

«Ich verstehe nicht, was du meinst mit etwas ‹unternehmen›», erwiderte Nosche mit geweiteten Augen.

Um ehrlich zu sein, dieses Thema kannten wir bereits aus der Schweiz. Meine Eltern waren immer begeistert von Mädchen und Jungen, die sich mit einer arrangierten Heirat in die irakische Exilgemeinschaft einfügten.

Nach einer Pause sagte Mutter: «Frauen, die ledig bleiben, werden anfällig für alle möglichen Dummheiten. Dies darf auf keinen Fall passieren. Es gibt viele Knaben aus guten Häusern, die sich freuen würden, mit der Familie Al Gamali verbunden zu werden.»

Versteinert wie Denkmäler saßen wir auf unseren Sesseln, Mutter stand in der Tür zur Küche, streifte eine Strähne hinter ihr Ohr und fragte uns, was wir gerne zum Abendessen hätten. Wir gaben keine Antwort, gingen ins Zimmer und verließen es die ganze Nacht nicht mehr. Nosche hatte hohes Fieber. Sie zitterte unter der Decke wie ein Palmenwedel. Wir blieben fast die ganze Nacht wach.

Beim Frühstück kam Vater ins Wohnzimmer. «Guten Morgen», murmelte er. Wir wussten von seiner Art, die Stirn zu runzeln, dass irgendein Befehl folgen würde.

Er trank zwei Schlückchen von seinem Kaffee.

«Ihr verhaltet euch wie Schweizer Mädchen. Ihr zeigt kaum Interesse an uns, wollt nichts mit uns zu tun haben, eure Sorgen sind irgendwohin ausgewandert. Diese Distanz gefällt mir nicht, auch wenn ihr sie mit kühler Höflichkeit zu überspielen versucht. Das muss sich ändern. Verstanden?»

«Ja, wir ändern es», sagten wir und blieben stumm am Frühstückstisch sitzen.

«Aha. Ehrlich?» Es war klar, dass er uns nicht glaubte. Wie immer, wenn er einen Satz mit «Aha» begann.

Was würde Daniel sagen, wenn er wüsste, wie meine Eltern mit mir kommunizierten, wenn es um Dinge ging, die ich nicht verstand oder mit denen ich nicht einverstanden war? Einmal wollte ich ihm erzählen, wieso ich das Wort «aha» verabscheue. Ich konnte es nicht. Irgendetwas schnürte mir den Hals zu. Ich wechselte das Thema und redete von meiner Chefin, die wie ein Roboter sprach.

Als mein Vater die Stube verlassen hatte, gingen wir zum Bach. Nosche begann, kleine Steine in den Bach zu werfen.

Nach einer Weile sagte sie: «In diesem Dorf gibt es keinen Mann für mich, aber auch keinen Platz. Die Pläne meiner Eltern für mich werde ich nie akzeptieren. Ich weiß, was ich tun werde, auch wenn es mich mein Leben kostet.»

Es klang wie ein Selbstgespräch, aber dann wandte sie ihr Gesicht mir zu und sagte: «Aida, du musst mir jetzt gut zuhören. Vielleicht klingt das in deinem Ohr etwas verrückt, aber hat nicht Beyan gesagt, die Verrücktheit enthalte manchmal die absolute Freiheit? Ich glaube, die Zeit ist reif, mein Leben selbst zu gestalten. Aida, ich kann nicht mehr. Mein Leben hier ist eine Sackgasse.»

Ich blieb stumm, aber sie hatte recht, unser Leben im Dorf war wie ein Garten nach einer großen Dürre. Mehr und mehr war uns bewusst geworden, in welchen Schlamassel wir geraten waren.

Sie schaute mich besorgt an.

«Wohin?», fragte ich und warf einen großen Stein in den Bach.

«Wir kehren in die Schweiz zurück, es ist nicht unmöglich.»

«Sag nicht Rückkehr. Gibt es kein anderes Wort? Ich kann es nicht mehr hören.»

«Wie können wir in die Schweiz?»

«Ich weiß es nicht.»

«Erinnerst du dich an die jungen Flüchtlinge damals in Kreuzlingen und Frauenfeld? Sind sie mutiger als wir? Sie sind aus Asien und Afrika über Wüsten und Meere geflüchtet. Wir kennen die Schweiz und können die Sprache. Ich will auf keinen Fall, dass mein Leben in der Schweiz bloß ein Haufen Erinnerungen bleibt. Kommst du mit mir, Aida? Was ist das Schlimmste, was uns passieren könnte? Dass wir ins Dorf zurückkehren müssten, weil wir es nicht geschafft haben? Da sind wir ja schon. Erinnerst du dich, was unser Geschichtslehrer in der Sekundarschule gesagt hat? ‹Die Zukunft liegt in uns, wir müssen ihr Raum geben und ihren Wegen folgen.› Die Wege unserer Zukunft liegen in der Schweiz. Du kommst doch mit mir?»

Ich sagte sofort Ja.

Wir umarmten uns. Nosche weinte, ich blickte über ihre Schulter in den Himmel, der mir unentschieden vorkam, nicht Herbst, nicht Winter. Beim nächsten Anruf teilten wir Beyan mit, was wir vorhatten, er war sofort bereit, uns zu helfen.

«Ich organisiere das, ich hole euch in die Schweiz zurück. Aber ihr müsst Geduld haben und alles, was Verdacht erregen könnte, vermeiden. Macht alles genau so weiter wie bisher», sagte er, seine Stimme klang väterlich, wir vertrauten ihm und waren erleichtert.

Vater erlaubte uns, die Kühe Großvaters auf die Weide zu begleiten. Amina, die Tochter eines Bauern, kam jeden Tag dazu, um Kühe zu hüten. Die große Weide lag nicht weit vom Feld der Familie.

Amina wurde im selben Jahr geboren wie ich, 1992, an welchem Tag genau, wusste sie nicht. Ich selbst war mir auch nicht sicher, Mutter erzählte mir einmal, dass die Registrierung neugeborener Flüchtlinge im Iran schwierig war und Vater mich erst nach einem Monat registrieren lassen konnte. Vater behauptete, er habe mich nach einer Woche registrieren können, das Datum kenne er auswendig. Es nervt mich, dass die Geburt für die Iraker eine Nebensache ist. «Was wäre denn anders, wenn man am 25.7. statt am 1.7. zur Welt gekommen wäre?», fragte mein Vater ironisch, als er zu bestreiten versuchte, dass bei der Hälfte der irakischen Bevölkerung der 1.7. als Geburtsdatum eingetragen ist. Niemand weiß, weshalb die Beamten immer wieder dieses Datum nehmen. Einige behaupten, die Ziffern 1 und 7 seien besonders leicht zu schreiben. Am letzten 30. Juni twitterte ein Iraker: «Morgen wird die Hälfte des irakischen Volkes Geburtstag feiern!»

Mit der Zeit wurde meine Freundschaft mit Amina enger. Sie war für mich ein Lichtblick im Dorf. Sie war schmal, mittelgroß gewachsen, trug zusammengewürfelte Kleider und darunter dicke, schwarze Strümpfe. Ihre Schuhe sahen aus wie Männerschuhe. Ich schenkte ihr ein paar der meinen, die sie immer bewundert hatte. Einmal drängte ich sie, mir ihre Haare zu zeigen. Ich zeigte meine. Schließlich nahm sie das Kopftuch ab. Wir waren im Stall, ich half ihr beim Vorbereiten der Kühe für die Weide. Ihr Haar war schwarz mit einem Hauch von Rot darin. Mit ihren Haaren wirkte ihr Gesicht noch schmaler. Sie sah aus wie eine Dolde unter den Sonnenstrahlen.

«Sage aber niemandem, dass ich mein Kopftuch vor dir abgenommen habe», sagte sie etwas angespannt.

«Nein, bestimmt nicht.»

Auf ihrer linken Hand hatte sie immer ein Hennatattoo, eine kleine Blume. Es sollte sie an ihre Großmutter erinnern. «Zwei Wochen nach ihrem Tod habe ich beschlossen, auch da eine Blume zu zeichnen, wo sie ein Blumentattoo hatte. Ich wollte nicht, dass die Blume bei ihr verwelkte. Ich hoffe, ich lebe auch wie meine Großmutter. Sie hatte ihre Tiere geliebt, vor allem ihren Hund Schir.»

Aminas Wunsch war, einmal einen Zirkus zu besuchen und mit den Dompteuren zu sprechen. Sie war die Einzige, die mit den Kühen redete und die Hunde nicht als unreine Wesen behandelte. Die Freundschaft mit Amina war für mich wie das Geheimnis der Hoffnung zu entdecken. Einmal sagte ich zu ihr: «Du bist eine vollkommene Hoffnung.»

«Wie kann denn die Hoffnung unvollkommen sein?», antwortete sie.

«Wenn sie nicht am richtigen Platz ist», sagte ich.

«Hat sie dann einen Sinn?», fragte Amina.

«Weißt du, wie ein Künstler, der sein Bild an die Wand einer Gefängniszelle malt. Egal wie kunstvoll es ist, es sieht kein Sonnenlicht», entgegnete ich.

«Ich glaube, dass jede Hoffnung vollständig ist, man muss sich nur getrauen, Hoffnung zu haben. Soll die Hoffnung in dir erblühen, so musst du ihr Vertrauen schenken», sagte Amina, während sie einer Kuh den Hals streichelte. Ich schaute sie schweigend an, und für einen Moment wünschte ich mir, ich wäre sie.

«Bist du traurig, dass du hier bist? Ich kann das verstehen, aber der Bürgerkrieg wird auch ein Ende nehmen. Wer hätte gedacht, dass Saddam gestürzt wird?», fügte sie hinzu.

Ich gab keine Antwort. Sie nahm plötzlich einen kleinen Ast vom Boden und begann, im Heu etwas zu zeichnen. «Weißt du, Aida, wenn mich etwas stört, zeichne ich eine Linie auf den Boden, die so lang ist wie ich selbst. Dann schreibe ich am Anfang der Linie auf, was mich stört und das Gegenteil an ihr Ende. Dann springe ich so weit, wie ich kann, so bringe ich es hinter mich.»

Ich ließ meinen Blick in die Landschaft mit den Plantagen und dichten Palmenfeldern wandern. Die ganze Weite konnte meinen engen Raum im Dorf nicht vergrößern. Und mein Kummer hätte am Anfang dieser Linie gar nicht Platz.

Unsere Telefonate mit Beyan führten wir auf Schweizerdeutsch. Amina hörte mit. Wir hatten sie gefragt, ob wir ihr vertrauen können. Sie versicherte uns, nichts gehört zu haben. «Ich verstehe sowieso nichts, für mich ist die Sprache meiner Kühe noch verständlicher», sagte sie lachend.

«Wollt ihr wirklich fliehen? Begreift ihr, was das für eure Eltern bedeuten würde? Warum sprecht ihr nicht mit eurem Vater über eure Situation zu Hause? Wo ist das Problem?» Solche Fragen wiederholte Beyan fast bei jedem Anruf.

Dann erzählten wir ihm etwa, dass wir manchmal mit unserer Mutter redeten und sie bloß dazu sagte: «Gott sei Dank habt ihr das nicht vor anderen Leuten gesagt!»

Wann immer wir redeten, es war in den Augen meiner Mutter nicht die richtige Zeit. Auch in der Schweiz hatten wir mit ihr selten die passende Zeit erwischt. Wir hatten kaum vertrauliche Gespräche. Sie erklärte uns nie, was es heißt, eine Frau zu sein. Einmal wollte ich von ihr wissen, weshalb das Jungfernhäutchen so wichtig sei.

«Für uns Araber ist es wichtig, dass die Frau vor der Heirat keinen Mann hatte.»

«Und für Türken?»

«Auch», antwortete sie.

«Und Kurden und Iraner?», fragte ich weiter.

«Sie auch», entgegnete sie genervt.

«Und was, wenn die Frau nicht vorhat zu heiraten?»

«Es gibt nichts Wichtigeres für eine Frau als zu heiraten, und jetzt gehst du ins Zimmer», antwortete sie mit einem dünnlippigen Lächeln und ging auf den Balkon.

Und Vater sagte immer nur: «Ihr solltet euch hier integrieren.» In der Schweiz hatte er das Wort «Integration» gehasst. «Wir werden in die Heimat zurückkehren, wo niemand uns sagt, wir sollen uns integrieren.»

Die Schule durften wir nicht besuchen, weil wir auf eine Einstufungsprüfung warten mussten, die nur einmal im Jahr in Bagdad stattfand. Also besuchten wir einen Arabischkurs im Dorf. Dieser fand bei einer Frau statt, die uns meistens die Pflichten einer Frau beibringen wollte. «Ich schwöre bei Allah und allen seinen Propheten: Die Frau, die ihrem Mann oder ihren Eltern gehorcht, gehört umstandslos ins Paradies», sagte sie.

Vater hatte uns angelogen. Das war nicht die Heimat, von der er uns in der Schweiz erzählt hatte. Alles hatte eine männliche Farbe, eine männliche Stimme und einen männlichen Geschmack.

Schließlich sagten wir Beyan, dass er nicht verpflichtet sei, uns zu helfen, wir würden es auch alleine schaffen. Davon wollte er nichts wissen. «Es wird alles gut, die Sache braucht einfach Zeit», sagte er und hörte endlich auf nachzufragen, ob wir sicher seien.

Mitte März 2008 war es so weit. Ich hatte nicht gut geschlafen und vom Schlafzimmer aus in das schimmernde Panorama der Sterne gestarrt. Jetzt schien die Sonne, der Wind wehte die Feuchtigkeit der Plantagen herüber, einzelne Wolken hingen am Himmel. Von der Straße hörten wir die morgendlichen Geräusche der Nachbarn und Passanten.

Kaum hatte meine Mutter das Frühstückstablett abgeräumt, wurde an die Haustür geklopft. Es war Amina, die uns jeden Freitagmorgen einige Flaschen frische Milch brachte. Danach gingen Nosche und ich wie immer mit ihr aufs Feld. Wir redeten nicht viel. Amina bereitete die Tränke vor, Vater hatte eine neue Maschine gekauft, um das Wasser vom Bach hochzupumpen. Sie merkte, dass meine Gedanken woanders waren, fragte aber nicht.

«Was sind die drei schönsten Dinge in deinem Leben, Amina?»

«Komische Frage», sagte sie lachend, «wie eine von jenen, die im Fernsehen kommen. Meinst du die schönsten jetzt?»

«Ja.»

Sie lehnte sich an die Seite des Trogs und überlegte.

«Meine Familie, meine Arbeit auf dem Feld und dass ich meine Beine und meine Hände bei der Arbeit gut bedecke.»

«Warum bedeckst du Hände und Beine?»

«Meine Großmutter hat gesagt, die Hände und die Beine einer Frau sollen zart sein, aber die Arbeit auf dem Feld und dem Acker bewirken das Gegenteil. Ich will schön sein, heiraten und von meinem Mann geliebt werden», antwortete sie mit einem schüchternen Lachen.

«Er wird dich sicher lieben, wichtig ist, dass du ihn auch liebst», sagte Nosche und schaute mich dabei an.

«Meine Mutter meinte, die Liebe komme nach der Heirat», sagte Amina und versank wieder in ihre Arbeit.

Nach einer Weile tauchte sie wieder auf mit der Frage, ob mir das Leben im Dorf gefalle.

Ich gab keine Antwort.

Kurz vor Mittag beendete Amina ihre Arbeit und ging nach Hause, wir kämen später nach, sagten wir.

«Darf ich dich umarmen?», fragte ich, bevor sie ging. Sie war angenehm überrascht.

«Ja», entgegnete sie. Ich spürte ihre Wärme. Sie erfüllte meine Seele, als umarmte ich die Sonne.

Dann liefen Nosche und ich zur Hauptstraße. Wir waren in schwarze Gewänder gehüllt wie alle Frauen im Dorf. Auf einem Hof spielten Kinder, ihr irakischer Dialekt klang schön, ich verstand ihn problemlos. Plötzlich wünschte ich mir, eines dieser Kinder zu sein.

Wir nahmen ein Taxi nach Nadschaf, etwa zwanzig Kilometer von unserem Dorf entfernt. Diese Stadt ist für Schiiten ein heiliger Ort, da sich dort das Grab von Imam Ali und die Gräber anderer schiitischer Gelehrter befinden. Wir hatten nichts dabei, was hätte andeuten können, dass wir Reisende waren. Bevor wir in das Taxi einstiegen, rief Nosche unsere Mutter an und teilte ihr mit, dass wir den Mittag im Haus unseres Großvaters verbringen würden. Unser Großvater würde zu dieser Zeit mit meinem Vater in der Moschee beim Freitagsgebet sein. Es war wie ein Ritual, das sich jeden Freitag wiederholte. Nach dem Gebet aßen sie beim Onkel, der in der Nähe der Moschee wohnte. Am Freitag kam mein Vater selten vor dem Abend nach Hause.

Wann wir zurückkämen, wollte meine Mutter wissen.

«Am Abend, und wenn wir über Nacht bleiben, rufen wir dich nochmals an», antwortete Nosche.

Als das Taxi losfuhr, ertönten von allen Seiten die Gebetsrufe. Wir warfen einen letzten Blick auf den Euphrat, er hatte nicht viel Wasser, und die Wellen am Ufer sahen aus wie die Falten im Gesicht meines Großvaters.

Ich hatte gedacht, die Beziehung zu den Eltern sei etwas Unzerstörbares. Wie ich meine Eltern im Irak erlebte, machte mir klar, dass die Liebe zu ihnen nicht genügte, um ihr Leben zu teilen. «Ihr seid halb verdorben, und es ist jetzt Zeit, wieder alles neu zu richten, bevor es zu spät ist», sagte uns Vater, weil wir uns europäische Filme anschauen wollten. Mutter half uns nicht, ihre einzige Sorge war, Nosche so schnell wie möglich zu verheiraten.

Im Taxi herrschte eine drückende Stille. Wir hatten vereinbart, nicht miteinander zu reden. Falls wir etwas gefragt werden sollten, würde Nosche reden. Sollte das Auto am Checkpoint gestoppt werden, würden wir sagen, dass wir das Freitagsgebet in der Moschee des Imam Ali und danach das Grab unserer Großmutter besuchen wollten.

Bei seinem letzten Anruf hatte uns Beyan eingeschärft, Flucht sei eine Kunst, die Mut erfordere und das Talent, den Schein der Normalität zu wahren. Der entscheidende Punkt sei, nicht in Panik zu geraten. Das Taxi fuhr durch Dörfer, um meine Ohren pfiff der Wind einer immer weiter werdenden Landschaft, der blaue Himmel wurde immer klarer.

Ich drückte mich in meinen Sitz und hatte das Gefühl, von der Angst verschluckt zu werden. Ich versuchte, mich abzulenken, und überlegte mir, was wohl mit der Wohnung in Frauenfeld passiert war, in der wir neun Jahre gelebt hatten.

Das vierstöckige Gebäude hatte acht Wohnungen. Auf zwei Balkonen waren Blumenkästen mit Geranien zu sehen, auf den anderen standen Wäscheständer und alte Möbel. Meine Eltern hatten ihren alten Schrank auf den Balkon entsorgt. «Er darf hier warten», sagte meine Mutter und stellte die kleine Pflanze um, an die ihre grünen Wunschstofffetzen geknüpft wurden.

«Die Entsorgung des Schrankes ist teuer. Wir haben ihn geschenkt bekommen, ich habe kein Geld, ihn zu entsorgen», sagte Vater auf die Frage des Nachbarn mit den Blumenkästen. «Übersetz das genau so», sagte Vater zu mir.

«Wieso meinst du, Nosche könnte das besser als ich?», fragte ich verärgert.

Dieser Nachbar wohnte mit seiner Frau über uns. Sie waren ruhige Nachbarn, bis auf die Schritte auf dem Holzboden war nichts von ihnen zu hören. Beide waren etwas über siebzig, sie gingen oft spazieren. Hand in Hand. «Megaherzig!», schwärmten Nosche und ich, wenn wir sie sahen. Sie waren elegant gekleidet und trugen immer schöne Schuhe. Sie grüßten freundlich, auch wenn Mutter zu jeder Tageszeit «Guten Tag» sagte. Vater mochte sie nicht, weil sie uns einmal einen Korb mit Gemüse aus ihrem Schrebergarten in Frauenfeld gebracht hatten.

«Wieso denken alle hier, wir seien Bettler? Sehen sie nicht, dass ich arbeite? Du hättest es nicht annehmen sollen», sagte er zu Mutter, als er den Korb in der Küche sah.

Einmal kam er verärgert nach Hause. «Das Einzige, was mich daran hindert, Deutsch zu lernen, ist, dass ich die Sprache nicht so aussprechen kann, wie sie es hören möchten.»

«Was ist denn los?», fragte meine Mutter.

«Ich habe heute Morgen unsere Nachbarn gesehen. Die Frau grüßte mich sehr höflich; ich wollte den Satz aussprechen, den ich von Nosche gelernt hatte. Ich sagte: ‹Ich wünsche einen schönen Sonntag.› Der Mann entschuldigte sich, weil er nicht verstanden hatte. Seine Frau schwieg. Beim zweiten Mal verstand die Frau den Satz. Sie bedankten sich und gingen. Es war peinlich, ich fühlte mich sehr klein.»

«Du hättest einen guten Tag wünschen sollen, das verstehen sie, egal, wie du es aussprichst.»

«Ich wollte schauen, ob ich Deutsch kann, es scheint aber unmöglich.»

«Du hast aber schnell vergessen, dass diese Nachbarn

die zwei Männer in den Anzügen zu uns geschickt haben», wandte meine Mutter ein.

Meine Mutter war allein zu Hause, als die zwei Männer klingelten. Der eine erklärte ihr, in der Schweiz müsse man Gebühren für Radio und TV zahlen. Meine Mutter verstand nur das Wort TV und dachte, wir würden einen neuen Fernseher kriegen. Bis dahin hatten wir ein altes Gerät, das uns Frau Merdan vor Jahren geschenkt hatte. Meine Mutter schrieb ihren Namen auf ein Papier und die Männer gingen. Zwei Wochen später erhielten wir eine dicke Rechnung. Am nächsten Tag waren wir im Büro des Sozialamtes, Nosche dolmetschte.

«Ich kann diese Rechnung nicht zahlen», sagte mein Vater.

«Ja klar, aber Sie dürfen in Raten zahlen. Ich zahle auch für mein TV und Radio zu Hause», antwortete sie.

«Ja, aber Sie zahlen für etwas, was Sie verstehen. Ich verstehe kein Deutsch und habe noch nie eine Sendung in Ihrer Sprache gehört», entgegnete mein Vater.

«Und? Was hat sie gesagt?», fragte meine Mutter zu Hause.

«Gar nichts. Ich habe die Rechnung auf dem Tisch liegen lassen», sagte mein Vater.

«Sie werden uns sicher bestrafen, wie damals mit dem Zahnarzt, erinnerst du dich?»

«Tja, ich bringe den Fernseher zurück», sagte mein Vater gleichgültig und begann, die Gratis-Werbezeitschriften auf dem Esstisch durchzublättern.

«Sie werden die Rechnung sicher zahlen, die Zahnarztrechnung haben sie am Ende auch bezahlt. Kein Grund für Trübsal», versuchte Nosche die Spannung zu lindern.

«Ich bin ohnehin die Trübsal selbst. Was denkst du, bin ich stolz, dass ich nur in den Beschäftigungsprogrammen Arbeit finde und Sozialhilfe beziehe? Wenn ich das Sozialamt verlasse und mich die Menschen mitleidig anschauen? Ihre Blicke sind Nägel in meinem Körper», sagte mein Vater und griff zur Fernbedienung.

Wir erreichten Nadschaf auf dem Höhepunkt der Freitagsgebetsstille. Wir stiegen aus, und Nosche rief die Nummer an, die wir von Beyan erhalten hatten. «Es wird euch eine Frau antworten, sie ist eine Verwandte von mir. Sie weiß Bescheid und nimmt euch von Nadschaf nach Bagdad mit. Ihr braucht keine Angst zu haben. Vertraut ihr und ihrem Mann genauso wie mir.»

Sie wartete bei der Frauenmoschee des Imams auf uns. Ich war überrascht, dass die schöne Stimme am Telefon von einer erschöpften, alten Frau kam. Sie war ein bisschen dick, trotz ihrer vielen Falten war ihre alte Schönheit noch immer zu erkennen. Sie war schwarz gekleidet und trug wie abgemacht ein grünes Kopftuch, in ihrer Brille spiegelte sich die Sonne. Sie begrüßte uns mit unseren Namen.

«Habt ihr eure Handys dabei?», fragte sie uns.

«Ja», sagten wir.

«Könntet ihr sie bitte ausschalten und mir geben, wenn nötig, dürft ihr meines benutzen», forderte sie und steckte unsere Handys in ihre Handtasche. Wir sahen sie nie wieder.

«Gut, fahren wir, das Auto wartet auf uns. Der Chauffeur ist aus unserem Bekanntenkreis, aber er weiß nicht, weshalb ihr mit mir nach Bagdad reist. Ich bin eure Tante Hasiba, ihr seid für einige Tage bei mir zu Besuch. Ich möchte auch, dass wir im Auto nicht viel reden miteinander. Ich werde den Fahrer bitten, das Radio auf die Livesendung des Freitaggebets zu schalten, das dauert mehr als zwei Stunden und gebietet uns, schweigend zuzuhören. In dieser Zeit sollten wir die hundertsechzig Kilometer nach Bagdad hinter uns haben.»

«Ja, Tante Hasiba», entgegnete Nosche.

Im Auto kontrollierte ich die kleine Ledertasche, die ich unter meiner Kleidung um den Hals trug. Da waren ein wenig Geld und mein Ausweis. Auch Nosche trug eine solche Tasche mit mehr Geld auf ihrer Brust. In den letzten drei Wochen hatten wir viel Zeit darauf verwendet, um nach Beweisen zu suchen, dass wir schon einmal in der Schweiz waren. Gefunden hatten wir nichts, selbst die Fotos hatte mein Vater versteckt.

Der Freitagsprediger im Radio eiferte über Schiiten und Sunniten und ihren Krieg gegeneinander, das alles sei ein Plan des Westens, um den Irak für immer zu zerstören. Seine Erklärungen unterschieden sich nicht stark von dem, was Vater sagte. Wenn wir von ihm den Unterschied zwischen Schiiten und Sunniten wissen wollten und weshalb sie sich bekriegten, gab er uns nie eine klare Antwort, es sei die Schuld der Ungläubigen aus dem Westen und der Amerikaner. Draußen zog eine traumhafte Landschaft mit Olivenbäumen, Reben und Palmenfeldern vorbei.

Ich fragte mich, was mein Vater jetzt in der Moschee hörte und was er sagen würde, wenn er am Abend nach Hause kam und uns nicht vorfand. Dass er nur Töchter und keinen Sohn hatte, quälte ihn sehr. Was wird er morgen sagen? Sagt er die Wahrheit, dass er uns nicht mehr gefunden hat? Wird er seine Tränen unterdrücken und schweigen?

«Wer einen Krieg erlebt hat, lernt schweigen, denn Reden macht aus jedem einen Schwächling, der schnell fallen wird», betonte er bei jeder Gelegenheit. Ob mein eigenes Schweigen mein Bedürfnis ist oder einfach etwas, was ich von ihm geerbt habe? Woher stammt mein Schweigen?

Dann erreichten wir Bagdad.

«Kein Tag ohne Explosionen», seufzte der Chauffeur.

Über viele Umleitungen gelangte er in das Quartier, in dem Hasiba mit ihrem Mann wohnte. Ich habe einmal gelesen, dass nicht nur Häuser, sondern auch Städte Eingänge haben, die viel über sich preisgeben. In Bagdad waren viele Militärfahrzeuge unterwegs, irakische und amerikanische. Soldaten standen auf Straßenkreiseln, wirkten nervös und schauten drohend in jedes vorbeifahrende Auto. Eine schöne, alte Brücke führte uns über den Tigris.

«Diese Brücke haben in weniger als drei Wochen drei Milizen hintereinander besetzt. Jetzt ist sie in der Hand der Regierung, mal sehen, wie lange. Auf der Brücke ist die Gefahr, von einer Rakete getroffen zu werden, groß.

Das einzige Auto, das ziemlich sicher nicht beschossen wird, ist das Krankenauto», sagte der Chauffeur empört. Es klang irgendwie unfreundlich, sodass keine von uns darauf einging.

Überall waren auf Plakaten Bilder von gefallenen jungen Menschen zu sehen, teilweise an Bäume gebunden, die schwarz verbrannt waren. Vor einer großen Moschee hatten sich Männer unterschiedlichen Alters mit langen Bärten und weißen Gewändern versammelt.

«Seht ihr den Turm auf der rechten Seite? Das ist der Turm von Bagdad. In dem sitzen jetzt Scharfschützen. Sie zielen nach Lust und Laune und knallen Leute ab. Die Leute im Quartier nennen ihn den Pulverturm, weil es in seiner Umgebung nach Schießpulver riecht», sagte der Chauffeur und zeigte mit der Hand auf den Turm.

«Ja, man braucht kein Politiker oder General zu sein, um auf den Straßen Bagdads getötet zu werden. Es kann dir auch passieren, wenn du am Morgen zur Arbeit gehst. Oder weil du nicht die richtigen Kleider trägst. In Bagdad brauchen wir im Moment viel Glück, um abends wieder nach Hause zurückzukehren», antwortete Hasiba und hieß den Chauffeur anhalten, um ein paar Flaschen Wasser zu kaufen. Fliegende Händler, meistens junge Männer, trugen Waren herum und schrien sie hinauf zum Himmel, um sie zu verkaufen.

Der Fahrer parkte das Auto neben einem großen Park und ging los. Ich betrachtete die Szenerie aus dem Fenster. Überall lag Abfall, auf dem Trottoir waren kleine, kioskähnliche Stände eingerichtet. Auf Wänden und Mauern klebten Bilder von Männern mit schwarzem oder weißem Turban und Verse aus dem Koran. An Holzmasten hing ein Wirrwarr aus Kabeln. Die meisten Autos fuhren ohne Nummernschild. Ein Metzger schlachtete neben einem Kanaldeckel ein Schaf, neben ihm stand ein Junge, der mit einem Schlauch Wasser auf das ausblutende Tier spritzte. Auf den Zaun dahinter war in gelber Farbe geschrieben: «Morgen haben wir eine Schulreise – Hassan und Samir 1999.» Wohin mochte die Reise gegangen sein, und wo sind Hassan und Samir wohl jetzt? Kann man vor seinem eigenen Namen fliehen, ihn auf einer Wand zurücklassen und gehen?

Auch ich wollte meinem Namen entfliehen. Das Erste, was ich in der Schweiz hasste, war mein Name. Immer diese Fragen. Ich wünschte mir, Julia, Sara oder Mia zu heißen wie andere Mädchen in der Klasse. Bis heute leide ich darunter, manchmal hängt mein Name wie ein Stein an mir. Mein Name, mein Aussehen verraten meine Herkunft, auch wenn ich akzentfrei Thurgauer Dialekt spreche. Am Telefon werde ich als Schweizerin behandelt, aber sobald ich meinen Namen nenne, ändert sich das, auch bei mir selbst.

Auch Nosche ließ ihre Augen über den Park wandern. Ein Mann tauchte auf mit einem Wagen, auf dem in schöner arabischer Schrift stand: «Verkäufer des Glücks». Ich schaute Hasiba an, sie verstand meinen Blick.

«In dieser Stadt findet man alles. Noch mehr als die vielen Wunden hat sie Versprechen zu bieten.»

«Was verkauft er?», fragte ich Hasiba.

«Süßgebäck, das er zu Hause macht. Dazu packt er

ein kleines gefaltetes Kärtchen mit einem kleinen, hoffnungsvollen Spruch darauf.»

«Hast du schon einmal etwas bei ihm gekauft?»

«Ja, bevor ich meinen Sohn Muschtak verlor.»

«Und was stand damals auf dem kleinen Papier?»

«Ich weiß es nicht. Muschtak nahm es mit und sagte, dass er es zu Hause öffnen werde. Ich vergass dann, ihn danach zu fragen.»

Der Fahrer kam zurück und gab uns allen eine Flasche Wasser.

«In zwei Stunden wird alles verschwunden sein, dann kommen die großen Spieler auf die Bühne», sagte er.

«Ja, wir müssen vor drei Uhr zu Hause sein, nachher ist es mir zu gefährlich», sagte Hasiba.

«Danke für das Wasser», sagten Nosche und ich gleichzeitig.

Hasiba und ihr Mann Sabri besaßen ein schönes Haus in Kairo, einem schicken und zentralen Viertel von Bagdad. Ihr Mann empfing uns herzlich. Unterwegs hatte er seine Frau mehrmals angerufen, um zu erfahren, wo wir waren. «Gott sei Dank!», sagte er und bat uns, einzutreten und uns zu setzen. Er war ein ziemlich großer Mann, etwas über sechzig, mit wenig Haaren auf dem Kopf. Seine Hand zitterte, wenn er die Zigarette zum Mund führte.

«Beyan ist mein Cousin, ich habe ihm vor vielen Jahren geholfen, aus dem Irak zu fliehen. Nun hilft er meiner Frau und mir, dasselbe zu tun. Es gibt Länder, die ihre Menschen entweder ins Exil oder in den Krieg schicken. Der Irak tut beides», sagte er und brachte uns Schwarztee.

«Beyan erklärte uns, dass ihr von hier weggehen wollt. Seid ihr sicher? Ich meine, wir kennen uns nicht, und ich weiß nicht, ob ich jetzt das Richtige tue, wenn ich euch mitnehme.»

«Das ist jetzt nicht der Zeitpunkt. Wir haben seit dem Morgen nichts gegessen und wollen uns nicht zu Tode hungern, nachdem wir gerade dem Terror entgangen sind», mischte sich Hasiba ein.

«Wir können gerne jetzt darüber reden», sagte Nosche.

«Nein, nein, auf keinen Fall. Ich entschuldige mich», entgegnete Sabri. Die beiden verschwanden in der Küche.

Mir fielen die teuren Teppiche auf. Fast in jeder Ecke standen von Hand geschnitzte Holzfiguren. Nach dem Essen erzählten die beiden uns ihre Geschichte.

Sie hatten drei Kinder. Zwei Mädchen, die verheiratet waren und mit ihren Familien in Basra im Süden lebten, und einen Jungen, Muschtak, der sechzehn Jahre alt gewesen war, als er getötet wurde. Er wurde Ende 2007 entführt, als die Al Qaida Frisiersalons und Geschäften, die mit Kunst oder Musikinstrumenten handelten, den Kampf im Namen Allahs ansagten. Entführungen gehörten zum Alltag, Männer und Frauen jeden Alters verschwanden spurlos bei Tageslicht. Viele Milizbanden verdienten damit ihr Geld. Kurz vor Weihnachten erhielt die Familie einen Anruf, dass ihr Sohn in guter Verfassung sei, aber nur gegen ein Lösegeld von sechzigtausend US-Dollar wieder freigelassen werde, das die Familie bezahlte. Muschtak aber kehrte nicht zurück, eine Woche nach der Geldübergabe fand ihn die Stadtpolizei tot auf. Auf seiner Brust war eine CD mit Videos, wie er gefoltert wurde, weil er als Friseur weitergearbeitet hatte. Die Al Qaida wollte verbieten, dass sich Männer die Haare schneiden ließen, und hatte unzählige Frisiersalons abgebrannt. Drei bewaffnete Männer seien in einem modernen Auto vor dem Salon vorgefahren und hätten Muschtak, der vor dem Laden fegte, eine Ohrfeige verabreicht und ihn ins Auto gezerrt. Dann hätten sie auf den Laden und seine Umgebung geschossen und seien wieder verschwunden.

«Dem alten Mann, der am Ende der Straße Wasser und Saft verkaufte, kam es vor wie eine Szene aus einem Hollywoodfilm. Er schaute schockiert zu, wie das Auto mit einer Staubwolke davonraste. Wenige Minuten später kamen ein amerikanischer Helikopter und zwei Militärfahrzeuge und wirbelten den Staub erneut auf. Sie sperrten die Straße ab und nahmen willkürlich ein paar junge Menschen fest.»

Muschtaks Leichnam lag auf der Straße, achtlos hingeworfen. Er war verstümmelt, aber Hasiba erkannte ihn dennoch sofort, er hatte ein unverwechselbares Muttermal auf dem Bauch.

«Als ich mit Muschtak schwanger war, hatte ich große Lust auf Quitten. Quitten sind sehr selten im Irak, aber Sabri fand trotzdem welche, in Mosul, sie waren für mich wie ein Geschenk Gottes. Ihr Geschmack extrem intensiv, und Muschtaks Muttermal erinnerte mich stark an diese Frucht», sagte Hasiba. Sie schaute sich die CD mit den furchtbaren Bildern nie an, wohl aber Sabri.

«Ich wollte ganz sicher sein, dass es sich bei diesem Leichnam um meinen Sohn handelte. Ich sah diese CD, und am nächsten Tag wurde bei mir Diabetes diagnostiziert.»

Wir schwiegen eine Weile, und mir wurde klar, dass ich bis dahin nicht gewusst hatte, was «barbarisch» bedeutet.

«Warum wirkt dieses schöne Quartier so leer?», fragte Nosche mit belegter Stimme.

«Viele Familien hier, Schiiten und Christen, erhielten Warnbriefe mit einer Kugel im Couvert. Die Al Qaida hatte ihnen eine Frist gegeben, um ihre Häuser zu verlassen. Manche verkauften alles, was sie konnten, und flüchteten dann mit diesem Geld aus Bagdad. Wir machen nun das Gleiche: Wir verlassen aber nicht nur die Stadt, sondern das Land», sagte Hasiba unter Tränen. Jede Träne fand ihren Weg durch ihr faltiges Gesicht auf den Tisch.

Wir versanken noch einmal in ein bedrücktes Schweigen.

«Wir können nicht länger hier leben. Es ist sinnlos, der Irak ist ein Gefängnis. Beyan hat uns eure Situation geschildert. Wir konnten nicht begreifen, warum eure Eltern in den Irak zurückgekehrt sind in einer Zeit, in der die halbe Bevölkerung fliehen will. Was hat sich nach Saddams Sturz verändert? Nichts! Der Wahnsinn geht weiter. Autobomben, Raketen und Sprengstoffe,

Gewalt gegen Minderheiten, Milizen schneiden Menschen auf offener Straße die Kehle durch mit der Begründung, sie seien Ungläubige. Wussten eure Eltern das? Beyan hat uns gebeten, euch mitzunehmen, und das werden wir, *inscha allah,* tun. Hat er das euch auch erklärt?»

«Nein, er wollte uns am Telefon nichts sagen. Wir würden alles Weitere von euch erfahren.»

Sabri schaute uns ruhig an.

«Ja, der Plan ist, dass ihr irakische Pässe bekommt, in denen steht, dass ihr unsere beiden Töchter seid, Widad und Nawal. So könnt ihr mit uns nach Istanbul fliegen. Wie es dort weitergeht, darüber reden wir, *inscha allah,* in Istanbul», sagte Sabri so sicher, dass meine Anspannung etwas nachließ.

«Ihr dürft hier die Fenster nicht öffnen und auch nicht in den Garten gehen. Es dauert nicht lange, wir haben ja nicht viel Zeit. Morgen kommt jemand, um euch zu fotografieren. Gebt mir bitte eure Ausweise, ihr kriegt ja neue. Ab jetzt bist du Widad.»

Hasiba zeigte auf Nosche.

«Und du bist Nawal.»

Sie legte ihre Hand auf meine Schultern.

«Wir geben euch alle Informationen, Geburtstage, Familiennamen. Lernt das bitte auswendig. Die beiden Pässe werden vom Amt von Bagdad kommen, auch das kann man hier kaufen. Aber lernt alles gut, das ist sehr wichtig. Der allmächtige Gott wird uns helfen.»

Wir nickten verständnisvoll und gaben ihr unsere Ausweise.

In der Nacht holte mich der Schrecken wieder ein. Im Quartier herrschte eine vollständige und sehr verdächtige Stille, bis auf einmal Schüsse fielen. Sie waren so laut, als würden sie in unserem Garten abgefeuert. Immer wieder.

Am nächsten Morgen bereitete Sabri für uns alle das Frühstück zu, er hatte frisch gebackenes Fladenbrot aufgetrieben.

«Die kleinen Läden öffnen zwar im Bürgerkrieg täglich, doch nur kurz und unangekündigt», erzählte er.

«Auch Kinder spielen ab und zu auf den Straßen. Sie versuchen, aus der Explosion die Art der Bombe zu erraten. Der Tod ist in Bagdad alltäglich geworden», sagte Hasiba mit gedämpfter Stimme und schaute uns an. «Beyan hat euch sehr gern. Er erzählt immer sehr begeistert von euch und will euch mit allen Mitteln helfen. Ihr habt Glück, denn wer kümmert sich schon darum, jemanden aus dem Irak herauszuholen?»

«Der Krieg hat seltsame Beziehungen zwischen den Menschen hervorgebracht, sogar unter den Milizen», fuhr Sabri fort. «In der Nacht kämpfen sie gegeneinander, und am nächsten Morgen begrüßen sie sich vor der kleinen Bäckerei. Es sind fast alles junge Männer. Man weiß nicht, warum sie das tun oder woher sie kommen, viele tragen die Waffe, weil sie wütend sind, verzweifelt und hoffnungslos. Heute Morgen haben sich zwei junge Männer vor der Bäckerei über eine Aktion der letzten Nacht unterhalten, sie sprachen, als würden sie von einer normalen Arbeit erzählen. Es überrascht mich immer wieder, dass der Sturz von Saddam uns in eine solche Sackgasse geführt hat, dass sich unsere Gesellschaft derart fallen lässt. Offenbar war alles auf Sand gebaut, und die Amerikaner haben auch nur Mist gebaut, vorbei unsere Hoffnung auf Demokratie.»

Sabri begann sich aufzuregen, Hasiba schaute ihn stumm an, dann ging sie nach oben, um Sachen, die von Verwandten abgeholt werden sollten, bereitzumachen.

«Kommt, ich zeige euch das Haus, bevor wir es verlassen müssen.»

Auf der Treppe fragte Sabri mich: «Wie heißt du?»

Ich schaute ihn verwirrt an, dann schaltete ich: «Nawal.»

«Sehr gut», antwortete er und rüttelte mich an den Schultern.

Wir gingen hoch, oben hing ein Gemälde mit einer roten Kuh, die mit großen Augen in die Tiefe des Hauses starrte. Rechts daneben hing eine arabische Kalligrafie: «Die Farbe des Wassers ist die Farbe seines Gefässes.»

«Das war Muschtaks Zimmer. Noch lange nach seinem Tod klopfte Hasiba immer an die Tür, bevor sie eintrat. Kurz vor seinem Tod hatte Muschtak noch Bücher für Hasiba nach Hause gebracht, ‹Das Hausboot am Nil› von Nagib Machfus und ‹Zeit der Nordwanderung› von At-Tayyib Salih.»

«Als er mit diesen Büchern nach Hause kam, war sein Gesicht kreideweiß. Einige Männer der Al Qaida hatten einen Mann auf offener Straße gekidnappt, weil sie ihn verdächtigten, ein Dolmetscher für die amerikanische Armee zu sein. Die Erzählung und die Gefühle stürzten durcheinander, und er weinte, während er sprach», sagte Hasiba.

Schweigend standen wir vor dem Bild Muschtaks in der Mitte des Zimmers. Ein dünner, hochgewachsener junger Mann in Jeans und einem Real-Madrid-Trikot. Lachend hatte er sein rechtes Bein auf einen Stuhl gestellt und schaute mit neugierigen schwarzen Augen in die Kamera.

«Er war fasziniert von Graffitis, sein größter Traum war, seine Kunst auf Wände zu bringen, doch leider wurden die Wände zu Mauern mit Stacheldraht, Betonmauern eines Gefängnisses namens Bagdad», erzählte Sabri.

Am vorletzten Abend wurden Häuser im Quartier von Milizen gestürmt, ein paar Schüsse trafen auch das Haus von Hasiba und Sabri. Wir saßen die ganze Nacht im Wohnzimmer und zitterten wie Espenlaub. Sabri erzählte, dass die Hausdurchsuchungen der Amerikaner nicht weniger schrecklich seien als die der Al Qaida. «Sie treten die Türen ein und schlagen im Haus willkürlich alles kaputt, schreien: ‹Down! Down!› Man muss sich auf den Boden legen mit den Händen über dem Kopf. Sie nehmen auch Menschen mit, wenn sie wieder gehen. Ein Freund sitzt noch immer im Gefängnis, weil er zur falschen Zeit im falschen Haus zu Besuch war.»

Wir verließen das Haus zu viert im Auto eines Familienangehörigen. Die Zeit dehnte sich, und es fühlte sich alles surreal an, als würde man von einem aus Holz geschnitzten Vogel einen Gesang erwarten. Ich dachte an meine Freundin Amina, versuchte wie sie, in mich hineinzuhorchen, um Sicherheit zu finden, ob ich das Richtige tue. Die Gedanken an meine Eltern bohrten sich immer tiefer in meinen Kopf. Suchten sie uns?

Von Amina hatte ich gelernt, der Hoffnung viel Raum zu geben. «Du musst sie wie ein Feld pflegen. Lausche dem Wind, wie er zum Gras flüstert. Suche, was das Feld stören könnte, und entferne es. Lass deine Augen über das Feld schweifen wie die eines hungrigen Adlers», sagte sie, dann fragte sie mich unvermittelt, ob wir Freunde wären.

«Ja, natürlich», entgegnete ich. Zu Hause hatte ich ein schlechtes Gewissen.

«Warum?», fragte mich Nosche.

«Weißt du, ich habe ihr gesagt, wir seien Freunde. Aber Freundschaft bedeutet auf Arabisch auch Ehrlichkeit. Ich war nicht ehrlich zu ihr. Ich wusste ja, dass wir bald aufbrechen werden und dass ich sie nie wiedersehen werde.»

«Ja, aber du kannst Freundschaft auf Deutsch definieren. Da bedeutet es ‹Schätzen und freundlich sein›, und das, meine Liebe, warst du immer», entgegnete Nosche.

Seither betrachte ich die Freundschaft so, als würde ich ein Gedicht lesen; man macht es kaputt, wenn man den Text wortwörtlich nimmt und es nicht nach seiner eigenen Logik versteht.

Es war ein kalter Morgen, obwohl der Frühling bereits angebrochen war. Kurz nach sechs Uhr ging die

Sonne über Bagdad auf. Die Strecke zum Flughafen war kurz, aber die Zeit war länger als der Weg. Im Morgenlicht sah ich Bagdads Pulverturm zum zweiten Mal. Aus der Ferne sah er aus wie ein Wächter, der nicht die Macht hatte, die Stadt vor ihrem beschleunigten Untergang zu retten. Die Autos rasten wie verrückt gewordene Insekten durch die Straßen, als hätten sie Angst vor den Heckenschützen. Die Angst ergriff auch mich und wurde jedes Mal heftiger, wenn unser Auto an Kratern von Raketen und Explosionen vorbeifuhr. Mein Magen krampfte sich zusammen, mein Herz raste, und ich hatte das Gefühl, mich von mir selbst zu trennen. Ich ergriff den Wolfszahn in meiner Handtasche, den ich von Amina geschenkt bekommen hatte. Ich versuchte, mir den Wolf vorzustellen, der diesen Zahn verloren hatte. Was hatte ihn an den Ort geführt, wo er getötet wurde? Hunger, Neugier, Flucht, oder spürte er einfach die Gefahr nicht an diesem Ort?

«Nimm ihn, er wird dir die Angst vertreiben und dein Herz härter machen. Verstecke ihn in deiner linken Hand und mach eine Faust, du wirst sehen», sagte Amina, als sie ihn mir gab.

Am Flughafen gab es mehr schwer bewaffnete Polizisten und Sicherheitsmänner als Passagiere. Vor dem Haupteingang stand die amerikanische Marine. Nachdem die Polizisten, Geräte und Hunde ihre Arbeit getan hatten, durften wir in den Saal gehen, wo wir auf unsere Maschine warteten. Ich hatte das Gefühl, Blut zu schwitzen. Die meisten im Saal hatten dasselbe Ziel: Istanbul. Ob sie dieselben Gründe zur Reise hatten wie wir?

Sabri trug einen schwarzen Anzug und Krawatte. Auch sein Bart war perfekt gepflegt. «Ernsthafter geht es nicht mehr», sagte er und übergab den Schlüssel seinem Verwandten, der künftig zum Haus schauen würde. Mit diesem Verwandten hatte er mehr als zwanzig Jahre gearbeitet. Sabri war Lokomotivführer, der die vielen Schienen im Land befahren hatte und liebte. Bis zum Einmarsch der amerikanischen Armee im März 2003, danach waren die Gleise im Land mehrheitlich unsicher.

«In den Tiefen eines jeden Menschen steckt eine alte Liebesgeschichte. Eine Geschichte, die nur er sieht, wie das Gemälde in seinem Schlafzimmer. So ist die Geschichte meiner Liebe zum Zug, die Mitte der Fünfzigerjahre begann, als ich in der Grundschule in meinem Dorf im Südirak war. Der Zug nach Basra fuhr zweimal am Dorf vorbei, einmal am Mittag und wieder am Abend. In den Sommerferien liefen wir, ein paar Kinder, mit dem Zug mit, wenn er vorbeifuhr. Passagiere standen hinter Fenstern, um die Obstgärten und Plantagen des Dorfes und den Euphrat zu sehen. Sie winkten uns zu. Frauen trugen farbige Hüte, Männer Anzüge, Mützen und Krawatten, wie wir sie nur aus Zeitungen und Filmen kannten, nicht einmal unsere Lehrer trugen solche. Jeden Tag wartete ich ungeduldig unter der glühenden Sommersonne auf den Zug. Ich liebte den Lokomotivführer, weil er den Zug verlangsamte, wenn er durch das Dorf fuhr. Damals beschloss ich, Lokomotivführer zu werden, und den Traum habe ich mir erfüllt. Ich habe zwanzig Jahre lang den ganzen

Irak mit den Zügen abgefahren, und jedes Mal, wenn ich an einem Dorf vorbeifuhr, drosselte ich meine Geschwindigkeit. Ich sah ein kleines Kind, das dem Zug winkte. Mit einer Hand, die nur ich sah, weil sie mein Bild ist, das mir noch immer vor meinem inneren Auge steht. Ich vermisse die Züge und die Atmosphäre auf Bahnhofplätzen, wenn der Zug langsam abfährt und die Leute einander die Zeichen des Abschieds geben. Jeder schenkt dem anderen ein Lächeln, spricht ein paar Worte, obwohl sie alle wissen, dass sie hinter der Glasscheibe nicht gehört werden. Und wie schön, wenn die Leute ankommen, sich umarmen. Der Blick bei der Ankunft zeigt ähnliche Gefühle, wie wenn Kinder die Hände ihrer Eltern festhalten. Das berührt mich, und ich spüre immer noch den Druck von Muschtaks Hand auf meiner», erzählte Sabri. Er weinte, und seine Tränen steckten uns an.

Anfang 2006 fuhr er ein letztes Mal von Bagdad nach Basra, dann verließ er die Bahn und begann mit dem Handel von Stoffen und Nähmaschinen. Viele Züge wurden in der Wüste von Terroristen gestoppt und die Zugführer und viele Passagiere umgebracht. Sabri verlor zwei Kollegen durch Zugattentate. «Sie haben ihre Köpfe auf den Zaunpfählen eines Bahnhofes aufgespießt», sagte er leise. Wir schauten ihn erschrocken an.

Auf erstaunlich unkomplizierte Weise gelangten wir ins Flugzeug. Die Maschine hob ab und riss uns aus unserem vergangenen Leben. In mir kämpfte die Hoffnung mit der Verzweiflung. Ich dachte an meine Eltern. Was würden sie denken, wenn sie wüssten, dass ihre

Kinder nun siebzehn Jahre nach ihnen auf der Flucht waren, und auf gewisse Weise auch vor ihnen?

Nosche ergriff stumm meine Hand. Ich schaute aus dem Fenster. Bagdad sah staubig aus und nichts war deutlich zu sehen, nur der Tigris, der sich durch die Stadt schlängelte, glänzte wie eine silberne Schlange in der Wüste. Eine Wolke färbte sich rot, als habe sie das vergossene Blut der Stadt in sich aufgenommen.

Vor uns saßen irakische Männer mit Schnurrbärten, sie redeten laut und mit hohen Stimmen, schlürften Tee mit einem ekligen Geräusch. Nosche schaute mich an.

«Jetzt?»

Sie nahm ihr Kopftuch ab. Ich nickte und tat das Gleiche. Einige starrten uns an und wandten sich verdrossen ab. Hasiba schaute uns stumm zu, dann lächelte sie und flüsterte ihrem Mann etwas ins Ohr, was wir nicht hören konnten. Auch er lachte kurz. Bis heute wüsste ich gern, was sie ihm gesagt hat, leider vergaß ich, sie zu fragen.

In Istanbul wurden wir von einem alten Freund Sabris abgeholt, der seit ein paar Jahren in der Türkei lebte. Er beherbergte Iraker, die die Türkei als Transitland benutzten und verdiente so neben seinem Job als Schneider ein bisschen Geld. In Bagdad war er ein Sufi, ein Derwisch, der das Tanzen liebte. So erfuhr ich überhaupt, dass im Islam Tanzen erlaubt war, zumindest im Sufismus. Mein Vater wechselte immer den Sender, wenn in einem Film ein orientalischer Tanz auftauchte, und sagte: «Diese Frauen, die ihre Körper halbnackt zeigen, werden das Brennmaterial in der Hölle sein.»

Bis heute habe ich ein schlechtes Gefühl, wenn ich Bauchtanz sehe, und bei Daniel habe ich mich dumm gestellt.

«Bauchtanz ist verboten im Islam, gell?»

«Ja, ich glaube schon.»

«Warum?»

«Ich habe keine Ahnung. Wieso sollte ich alles wissen, was im Islam verboten ist?»

«Ja, aber die Sufisten tanzen doch auch, oder?»

«Vielleicht. Ich weiß es nicht, Daniel.»

Ich wusste ganz genau, dass die Sufisten tanzen.

Der Derwisch hatte in Bagdad einen Brief erhalten, er solle innerhalb von achtundvierzig Stunden verschwinden. Nach zwei gescheiterten Versuchen weiterzureisen beschloss er, in Istanbul zu bleiben. Sein wirklicher Haupterwerb waren gefälschte Pässe für irakische Flüchtlinge. Er war übervorsichtig und hielt sich von der arabischen Gemeinde in Istanbul fern. Einen Pass verkaufte er nur Menschen, denen er absolut vertraute.

«Die Flüchtlinge in Istanbul arbeiten wie Sklaven. Sie ernähren sich von Abfall und schlafen auf Friedhöfen und in verlassenen Gebäuden, wo niemand Miete verlangt. Es ist ihnen immer noch lieber, als lebendig in einem Sarg auf dem Meer zu liegen. Andere versuchen, durch Bulgarien nach Europa zu kommen, vor allem im Winter, wenn die Grenzwächter weniger patrouillieren in den verschneiten Wäldern, aber viele sterben im Schnee. Für euch bekomme ich bald dänische Reisedokumente. Sie sind sicher, weil sie irakischen Flüchtlingen gehörten.»

«Und die Besitzer dieser Dokumente bleiben in der Türkei?», fragte Sabri.

«Das ist jetzt kompliziert zu erklären, jedenfalls verkaufen sie ihre Reisedokumente hier in der Türkei. Wenn ihr am Ziel seid, informieren sie die türkischen Behörden, dass ihre Asylpässe mit ein paar Dokumenten und Geld gestohlen wurden. Ihr verreist aber nicht als Familie, sondern du und deine Frau als Paar und die beiden Mädchen allein.»

«Gut. Das Geld haben wir dabei», sagte Sabri.

Eine Woche blieben wir in der Türkei. Wir gingen nur einmal nach draußen, um neue Passfotos zu machen. Auch Sabri verließ die Wohnung immer nur kurz, um das Nötigste einzukaufen. Wir waren nervös und sprachen viel über Abu Rajat, Bagdad und die Schweiz.

Der Derwisch brachte die Reisedokumente und Flugtickets. Die Flugtickets waren nach Stockholm ausgestellt mit Transit in Wien. «Da sind eure Fotos drauf, aber ihr habt jetzt wieder andere Namen. Daten und Namen gehören dem Passinhaber und können nicht geändert werden.»

Hasiba und Sabri wurden zu einem Ehepaar, das in Kopenhagen lebte. Nosche und ich waren Geschwister, die ebenfalls als Flüchtlinge in Dänemark lebten. «Ein türkischer Flughafenmitarbeiter wird uns helfen, damit ihr sicher in den Flieger kommt. Ich werde euch am Flughafen abholen und führe euch zu ihm, ich hoffe, dass ihr euch so anzieht, als würdet ihr in Europa leben», sagte der Derwisch.

Am Abend vor der Flucht verließen wir die Wohnung, und Sabri informierte Beyan. Dann kauften wir uns neue Schuhe. Den Flug nach Wien nahm ich kaum wahr, ich war wie betäubt.

In Wien trennten wir uns im Transit wie Reisebekanntschaften, Sabri und Hasiba flogen nach Stockholm weiter. Nosche und ich gingen auf die Toilette, zerrissen sorgfältig unsere Reisedokumente und spülten sie das WC hinunter. Wir warteten ein paar Stunden, bis wir sicher waren, dass Sabri und Hasiba Stockholm erreicht hatten, dann gingen wir zur Flughafenpolizei.

«Wir möchten einen Asylantrag einreichen», sagte Nosche zum Polizisten auf Deutsch.

«Wo sind eure Pässe?»

«Wir haben keine.»

«Wie seid ihr hierhergereist?»

«Wir sind nicht gereist. Wir sind Flüchtlinge.»

Wir füllten ein Formular aus, aber sie wollten nur wissen, wie wir nach Wien gekommen waren. Wir sagten, dass wir von Istanbul nach Malta geflogen waren, dort habe uns der Schleuser auf den Flug nach Zürich gebracht. Es habe uns selbst überrascht, dass wir in Wien eingetroffen seien. «Wir möchten in die Schweiz», sagten wir immer wieder.

Am Abend fotografierten sie uns, und wir kamen mit einem Bus zusammen mit anderen in ein großes Flüchtlingslager namens Traiskirchen. Wir warteten in einem kleinen Raum, den wir leicht hätten verlassen können, aber wir waren zu erschöpft. Später erfuhren wir, dass dieser Raum bewusst offengelassen wurde, um den

Flüchtlingen die Möglichkeit zu geben zu verschwinden, ohne Fingerabdrücke zu hinterlassen. Das erfuhren wir erst in der Schweiz, als es zu spät war. Drei Monate nach unserer Ankunft in der Schweiz erreichte uns ein Brief aus Bern, Nosche habe in Österreich Fingerabdrücke hinterlassen und müsse ihr Asylgesuch dort einreichen. Ich nicht, weil ich damals noch nicht achtzehn war.

In Traiskirchen bekamen wir zwei Matratzen in der großen Halle mit mehr als zwanzig Personen unterschiedlicher Herkunft. Wir erhielten einen weißen Ausweis, mit dem wir berechtigt waren, uns innerhalb von Österreich zu bewegen. Wir lernten eine irakische Familie mit drei Kindern kennen, die bereits seit zwei Jahren in Traiskirchen lebte. Die Mutter freute sich, da wir Deutsch sprachen und ihre Briefe und Papiere übersetzen konnten. Wir fragten sie, ob wir ihren Namen angeben durften, um Geld aus der Schweiz überwiesen zu bekommen. Sie sagte sofort zu, und Beyan überwies uns zweitausend Euro.

Wir wollten in die Schweiz und konnten jetzt dafür bezahlen. Nach drei Tagen vermittelte uns die Familie einen Iraker, der sich als Taher vorstellte. Er sei ein Christ aus Mosul, besäße einen österreichischen Pass und könne uns für je sechshundert Euro in die Schweiz bringen. Beyan war dafür. Der Treffpunkt mit Taher war am Bahnhof in Salzburg, wir reisten mit dem Zug dahin. Er überraschte uns damit, dass wir in Salzburg eine Nacht verbringen sollten, am Morgen wollte er uns mit dem Auto abholen und nach Bregenz fahren. «Ich habe für euch ein Zimmer in einem Hotel reserviert», sagte er und gab uns die Adresse des Hotels.

«Was, wenn wir ihn nicht wiedersehen?», fragte ich Nosche.

«Nein, das glaube ich nicht. Die Familie in Traiskirchen kennt ihn, man könne ihm vertrauen, hat die Frau gesagt», beruhigte sie mich.

Das Hotel war zentral gelegen, und so hatten wir Zeit. Wir gingen nochmals in die Stadt. «Zum Mirabellgarten», lasen wir auf einem Wegweiser.

«Du magst Mirabellen, sollen wir dorthin?», fragte mich Nosche.

Im Garten waren wir die einzigen Ausländerinnen, die keine Touristen waren. Wir setzten uns auf eine Bank. Dann begannen wir, über unsere Eltern zu sprechen. Wie mochten sie reagiert haben? Was dachten sie? Nosche begann sich aufzuregen.

«Vater hat sicher die ewig gleichen Sätze wiederholt und gesagt, das lange Leben in der Fremde verfaule den Menschen. Es sei ihm klar geworden, dass es für die Rückkehr bereits zu spät gewesen sei. Ich sehe ihn schweigend auf seinem Stuhl sitzen, den Blick in die Ferne richten und sagen, was er in der Schweiz schon immer gesagt hat: Er sei ein Rennpferd, das älter werde und niemanden mehr interessiere. Und Mutter schlägt sich mit der flachen Hand ins Gesicht, hebt ihre Hände zum Gebet und bittet Gott um Verzeihung, um nicht in die Hölle geschickt zu werden, weil sie uns nicht gut erzogen hat. Dann sitzt sie stumm und hilflos da wie eine Eidechse im Terrarium.»

Wir schwiegen. Dann beugte sich Nosche zu mir. Ich spürte ihren Atem. Sie lächelte mich an. Ihr Lachen war so belebend, wie wenn man morgens das Fenster öffnet und die Augen den ersten Schnee mit all seinem Glanz aufnehmen.

«Schau, wie schön es hier ist, wie großartig sehen diese Bäume aus! Lass uns ein paar Schritte im Garten spazieren gehen.» Vor einem großen Baum umarmte mich meine Schwester, ich spürte ihre Wärme. «Versprich mir, dass wir beide immer füreinander da sind und dass wir wieder einmal hier stehen, wenn alles in Ordnung ist», sagte sie. Unter Tränen gab ich ihr mein Wort.

Unterwegs nach Bregenz instruierte uns Taher. Wir mussten im Dunkeln einen kleinen Fluss überqueren, um Schweizer Boden zu erreichen. Es sei kein Fluss, nur ein Bach, der genau auf der Grenze liege. Er warte auf uns im Auto auf der anderen Seite.

«Wieso nicht direkt mit dem Auto in die Schweiz?»

«Das riskiere ich nicht, die Zollbeamten könnten nach euren Pässen fragen.»

Wir verbrachten den Tag in Bregenz, und in der Nacht fuhren wir weiter bis zur Grenze. Wir stiegen aus, wie abgemacht standen wir vor diesem kleinen Fluss. Es war gar kein Bach, wir mussten sogar schwimmen, und das Wasser war kalt. Im Auto gab er uns Tücher zum Trocknen, und dann fuhr er mit uns nach St. Margrethen.

«Falls wir von der Polizei angehalten werden, kennen wir uns nicht. Ich habe euch mitgenommen, weil ihr Autostopp gemacht habt», sagte er. Er stellte das Radio ein, ein arabisches Lied lief.

«Warum wollt ihr nicht in Österreich bleiben?», fragte er uns abrupt.

«Wir wollen in der Schweiz leben», antwortete Nosche bestimmt.

«Es gibt keine großen Unterschiede zwischen den Ländern in Europa. Je länger man hier lebt, desto mehr wird einem bewusst, dass ganz Europa die gleiche Scheiße ist.»

Wir gaben keine Antwort. Nach einer Weile überreichte ihm Nosche vierhundert Euro mit der Bitte, dass er für uns Fahrkarten nach St. Gallen löse und den Rest in Schweizer Franken wechsle.

«Wir möchten nicht mit diesen Kleidern am Schalter stehen. Sie sind noch nass.»

Am 4. April 2008, kurz vor 22 Uhr, waren wir am Bahnhof St. Gallen. Es war spät, dennoch mussten wir Beyan anrufen und ihn benachrichtigen, dass wir angekommen waren.

«Was machen wir jetzt?»

«Sucht die Polizei.»

«Hier? Oder sollen wir nach Kreuzlingen weiterfahren?»

«Der Ort spielt keine Rolle. Sucht Polizisten und sagt, ihr wollt Asyl beantragen.»

«Sollen wir alles erzählen?»

«Ja, alles, was sie wissen wollen. Eins dürft ihr nicht

vergessen. Ich will nicht involviert werden. Die Anrufe zwischen uns haben nie stattgefunden, und auch die Familie, die euch von Bagdad nach Wien gebracht hat, ist nicht mit mir verwandt. Ihr könnt aber sagen, dass ich ein Freund eurer Familie sei. Mehr nicht.»

Die Schritte der Diaspora

In der ersten Woche im Kreuzlinger Empfangszentrum waren wir erschöpft. Auch Beyan und Katrin hatten wir nicht treffen können. Nach und nach kam uns riskant vor, was wir getan hatten. Nun waren wir da und fragten uns: wie weiter? Wir hatten das Ziel erreicht, und doch musste es ja weitergehen.

Im Zentrum gab es nicht viele Frauen. Außer zwei Familien aus Afghanistan waren da nur junge Männer. Sie warteten seit Monaten auf ihren Transfer, behaupteten sie. Sie stritten sich wegen alltäglicher Sachen, beim Anstehen fürs Essen beschimpften sie sich, sogar rassistisch, die Sicherheitsbeamten schritten schnell ein.

Zu Beginn der zweiten Woche wurden wir zum zweiten Mal befragt, drei Stunden lang, getrennt.

«Überlegt euch gut, was ihr sagt. Früher haben die Befrager fast alles geglaubt, was die Asylsuchenden erzählten, aber inzwischen erkennen sie Lügen und Übertreibungen. Viele Geschichten haben sie zu oft gehört. Gut erzählen kann auch helfen. Wenigstens braucht ihr keine Dolmetscher, die Dolmetscher arbeiten zugunsten der Befrager», hatte uns ein älterer Syrer gesagt.

Es war Mitte April 2008, ein sonniger Donnerstag, acht Uhr morgens. Das Büro war ziemlich hell, das Fenster stand halb offen. Um den quadratischen Tisch in der Mitte des Raums saßen drei Personen. Der einzige leere Stuhl musste für mich sein.

Die Befragerin begrüßte mich freundlich und stellte alle Anwesenden vor. Die Frau auf der linken Seite war eine Vertreterin des Hilfswerks Caritas und der einzige Herr im Zimmer ein Dolmetscher, den ich eigentlich nicht brauchte. Die Befragerin saß mir gegenüber mit dem Fenster im Rücken. Die Frau, die protokollierte, saß an einem separaten Tisch auf der rechten Seite. Wie schnell sie auf der Tastatur tippte, war bewundernswert.

«Wir sind heute hier, um über die Gründe zu sprechen, weshalb Sie Ihr Heimatland verlassen haben und in der Schweiz um Asyl ersuchen. Sie müssen mitwirken, die Wahrheit sagen und am Schluss das Protokoll Ihrer Befragung unterschreiben. Haben Sie das verstanden? Es kann sein, dass Fragen gestellt werden, die für Sie unangenehm sind. Dennoch ist es sehr wichtig, dass Sie uns offen erzählen, was passiert ist. Alles, was Sie hier sagen, wird vertraulich behandelt. Sie können deshalb ohne Furcht sprechen. Möchten Sie, dass die Befragung ohne die Anwesenheit eines Mannes durchgeführt wird? Gibt es irgendein Hindernis, dass wir die Befragung heute nicht durchführen können?», begann die Frau das Interview.

«Ich bin damit einverstanden, und ich habe keine Einwände», antwortete ich. Ich saß auf der Stuhlkante und hörte meinen Puls deutlicher als die Worte der Befragerin. Sie fragte nicht viel über den Fluchtweg. Ich weiß nicht warum, aber vielleicht lag es daran, dass ich bei der ersten Befragung fast nur darüber gesprochen hatte und alles ausführlich erzählen musste. Natürlich ließ ich die Hilfe von Beyan weg.

«Warum haben Sie die Rückkehr in den Irak nicht grundsätzlich abgelehnt, als Ihre Eltern das entschieden hatten? Sie sind ja Sekundarschülerin gewesen und müssten gewusst haben, dass man von Gesetzes wegen in der Schweiz Kinder nicht zwingen darf, die Schule zu verlassen», überraschte sie mich. Sie schaute mir tief in die Augen.

«Mein Vater sagte, der Irak sei unsere Heimat, er akzeptiere uns, wie wir sind, und werde die Wunden und Narben der Fremde heilen. Es gebe keinen Grund mehr, weit weg von unserer Heimat leben zu müssen, mit dem Sturz der Diktatur würden wir unsere Seelen zurückbekommen. Auch meine Mutter war von der Rückkehr begeistert. Und abgesehen von alldem war es unmöglich, gegen den Willen meiner Eltern zu sein. Das ist für mich schwierig zu erklären. Im Wortschatz unserer Familiensprache gab es nichts, um den Eltern zu widersprechen. Es fiel mir gar nicht ein, ich redete nicht viel und machte, was meine Eltern wollten, vor allem mein Vater. Vieles haben wir aus Liebe oder Respekt zu unseren Eltern gemacht, auch wenn wir damit nicht einverstanden waren.»

«Aber Sie haben jetzt doch etwas gegen den Willen Ihrer Eltern getan, Sie sind geflüchtet. Wie erklären Sie mir das?»

«Ich konnte nicht auf einmal anders sein. Im Irak war alles anders, und alle wollten uns verändern. Alles dort ist Religion und Tradition, man hat das Gefühl, in einem Gefängnis zu leben. Und als Frau musste ich immer gehorchen. Auf einmal war alles aus, was ich in meinem Leben in der Schweiz für selbstverständlich gehalten hatte. Das Dorf war schön, aber nur wegen der Natur. Meine Eltern suchten ihre alten Spuren. Ich aber war spurenlos, einfach ohne etwas, was mich verband, weder mit dem Ort noch mit den Menschen. Nichts berührte mich, ich fühlte mich unendlich fremd. In den sieben Monaten dort habe ich nur eine Freundin gefunden. Die Leute im Dorf sagten, meine Schwester und ich seien Schweizerinnen. Manche Frauen nannten uns *kardschi*. Das waren Frauen, die die Osmanen als Gefangene aus Georgien zurückbrachten. Diese Frauen konnten mit der Zeit Arabisch, sie sprachen aber mit gebrochener Zunge. Ich kann nicht eine Frau sein, die nur für einen Mann da ist und Kinder gebiert. Ich will arbeiten, etwas aus meinem Leben machen. Dort gab es plötzlich keine Ziele mehr, außer den Erwartungen und Wünschen der anderen gerecht zu werden.»

Die Befragerin sah nicht aus, als sei sie mit meiner Antwort zufrieden. Sie schaute mich noch strenger an und fragte: «Warum sind Sie geflüchtet? Gibt es etwas, was Ihr Leben bedroht hat? Waren Sie im Gefängnis? Wurden Sie gefoltert? Und noch etwas, bitte, ich will nicht, dass Sie von ‹wir› sprechen. Ihre Schwester hat ihre eigene Befragung, und sie kann sich allein ausdrücken. Reden Sie von sich selbst.»

«Als wir in der Schweiz lebten, hat mein Vater immer gesagt, die Frau habe im Islam mehr Wert als anderswo. Im Dorf fühlte ich mich aber wertlos. Ich war nie im Gefängnis, und niemand bedrohte mich. Ich floh, weil ich dort nicht weiterleben konnte. Ich will zur Schule gehen, eine Ausbildung absolvieren und eine Zukunft haben. Dort haben nicht alle Menschen die gleichen Rechte, es ist von der Situation abhängig. Irakische Immigranten dürfen nicht sofort zur Schule gehen, sie müssen eine Prüfung ablegen und diese findet nur einmal im Jahr statt, und das nur auf Arabisch. Wie kann ich eine Prüfung auf Sekundarniveau auf Arabisch ablegen? Als ich mit meinen Eltern darüber sprach, meinte meine Mutter: ‹Was macht man denn hier in der Schule? Es ist reine Zeitverschwendung.› Mein Vater begann, mir Namen aufzuzählen von Personen aus dem Dorf, die akademische Diplome hatten und als Bauern arbeiteten. In der Schweiz hat er aber nie so geredet, da war alles gut im Irak. In die Dorfschule bin ich ein paar Mal als Zuhörerin gegangen. Am zweiten Tag sagte mir eine Schülerin: ‹Stimmt's, du warst bei Ungläubigen? Ist die Schule dort wirklich gemischt? Stimmt es, dass die Frauen sich mit Männern herumtreiben?›

Es gab zehn Klassen in der Schule, alle waren überfüllt. Von Sport, Musik oder Zeichnen keine Spur, das allerwichtigste Fach war Religion, Islam nach der schiitischen Scharia. In der ersten Woche sagte mir die Lehrerin, ich trüge mein Kopftuch falsch. ‹Wir hier betrachten das Kopftuch als Ehrenzeichen und als ein Stück Identität und nicht als Kleidungsstück. Es ist wichtig, dass du lernst, es richtig zu tragen und zu behandeln›, sagte sie. Ich will aber kein Kopftuch tragen!»

«Gab es Terroranschläge, Autobomben oder Selbstmordattentate in Ihrem Dorf? Haben Sie Konflikte zwischen Sunniten und Schiiten oder anderes erlebt?»

«Nein, ich habe das nicht erlebt, aber der Krieg war doch da. Es gab viele geköpfte Dattelpalmen, die von Raketen getroffen worden waren. Man hörte jeden Tag von Explosionen und Anschlägen in Bagdad. Die Iraker sagen, man muss nicht selbst gekocht werden, damit einem ein gekochtes Ei schmeckt.»

«Sie sprachen in der ersten Befragung von einer Familie, die Ihnen geholfen hat, den Irak zu verlassen? Wo ist sie jetzt? Haben Sie Kontakt mit ihnen?»

«Ich weiß nicht, wo sie sind. Ich habe keinen Kontakt mit dieser Familie. Ich habe auch bei der ersten Befragung gesagt, dass sie nach Schweden wollten. Darüber hinaus weiß ich gar nichts.»

«Warum möchten Sie unbedingt in der Schweiz leben?»

«Ich war sechs, als ich mit meiner Familie in die Schweiz kam. Ich bin hier zu Hause, hier sind meine Schule, meine Freundinnen, meine vertrauten Orte. Ich kann mich hier verständigen. Was mich mit der Schweiz verbindet, ist mehr als irgendwo anders, mit dem Dorf meiner Eltern habe ich nichts zu tun.»

«Ist Ihr Vater Politiker? Hat er eine Stelle im Irak bekommen? Was hat er in der Schweiz gearbeitet?»

«Nein, er ist nicht Politiker und hat keine Stelle in der Regierung. Auch als Lehrer konnte er im Irak nicht arbeiten. Wenige Wochen nach unserer Ankunft im Dorf begann er, wieder im Geschäft der Familie zu arbeiten. Auch in der Schweiz hat mein Vater fast immer gearbeitet, aber halt in den Beschäftigungsprogrammen. Er kannte die Sprache nicht und hat nie eine Stelle gefunden. Aber sich krankschreiben zu lassen oder der Arbeit auszuweichen, habe ich bei ihm nie erlebt. Er sagte: ‹In einen Teller, aus dem man gegessen hat, sollte man nicht spucken. Und in einen Brunnen, aus dem man getrunken hat, sollte man nie einen Stein werfen.›»

Sie nahm ihre Brille ab: «Was wäre so schlimm gewesen, wenn Sie im Irak geblieben wären?»

Ich erinnere mich an ihre Augen, wie sie sich weiteten, als sie mir diese Frage stellte. Ich war irritiert, weil ich nicht wusste, worauf sie hinauswollte. Und ich wundere mich noch heute, warum ich aufstand. Ich stand einfach auf und begann, die Sachen an den Fingern aufzuzählen: «Ich wäre ohne Schulbildung, ohne Beruf, und ich würde einfach weit entfernt von der Freiheit leben.»

«Setzen Sie sich bitte wieder», unterbrach sie mich.

Ich setzte mich und fuhr fort «Ich wäre bloß eine Kopie der Frauen im Dorf, die nur wollen, dass ihre Ehemänner mit ihnen zufrieden sind. Einmal habe ich meinen Onkel seinem Freund einen Rat für seine Ehe geben hören: ‹Wehe dem, der dem Esel zu viel Aufmerksamkeit gibt. Er denkt sofort, er sei ein Pferd, und dann beginnen die Probleme.› Es war klar, dass ich irgendwann gezwungen worden wäre, einen Mann zu heiraten, den ich nicht kannte. Meine Eltern fürchten nichts mehr, als dass wir unverheiratet bleiben könnten. Ich will nicht der Esel irgendeines Irakers sein.»

Auch Nosches zweite Befragung dauerte etwa drei Stunden.

«Der Befrager regte sich auf, als ich ihm sagte, dass der Irak ein Museum von fünfzig Jahren Krieg und Chaos sei», erzählte Nosche.

«Wieso? Das ist doch wahr», entgegnete ich.

«Ja, er sagte aber, das sei kein Grund, um mir Asyl zu geben. Wenn ich ihn richtig verstanden habe, meinte er, dass eine allgemeine Situation der Gewalt nicht reicht für Asyl. Um als Flüchtling anerkannt zu werden, muss man persönlich ernsthaften Nachteilen ausgesetzt sein. Ich sagte ihm, meine Mutter wolle mich zwingen zu heiraten und die Ehre der Familie von meiner Heirat abhängig machen. Er schwieg einen Moment und stellte mir eine komische Frage: ‹Heißt das, man kennt keine Liebesheiraten im Irak oder was?›»

«Und, was hast du geantwortet?»

«Ich habe nichts gesagt. Das war ganz am Schluss. Wir blieben einen Moment stumm, und nach einer Weile forderte er mich auf, das Protokoll zu unterschreiben, wenn ich nichts zu ergänzen hätte. Ich unterschrieb und ging.»

Ich schwieg. Nosche ging, um Tee zuzubereiten.

Im Dorf hatte ich von Tante Karima erfahren, wie schwierig es war, jemanden kennenzulernen. Die Teenager des Dorfes gingen am Euphrat spazieren in der Hoffnung, einen Blick auf die Mädchen werfen zu können. Bei Strom- oder Wasserausfall gingen die Mädchen mit dem Geschirr oder der Wäsche zum Fluss. Als

Scheich Yasin erfuhr, dass dort ein Treffpunkt entstanden war, verkündete er beim Freitagsgebet: ‹So geht das nicht. Wer seinem Kind nicht selbst Grenzen setzen kann, für den kann ich es tun.› Er war über siebzig Jahre alt. Auch Hamada, der Verrückte des Dorfes, war dabei und hatte ruhig zugehört, was Scheich Yasin zu sagen hatte.

Die günstigste Zeit für Verliebte, sich heimlich zu treffen, war am frühen Morgen. Der Gebetsruf der alten Moschee weckte die meisten Bewohner zur Arbeit. Rahman, der Blinde, sang diesen Ruf wie ein trauriges Lied, das manche zum Weinen brachte. Man sagte im Dorf, dass seine Stimme noch trauriger wurde, nachdem seine Frau an einer Krankheit gestorben war.

Auch meine Mutter hatte damals ihre Wäsche und ihr Geschirr zum Fluss gebracht, aber kennengelernt hatte sie meinen Vater dort nicht. Erst im Dorf erzählte sie uns die ganze Geschichte: «Ich war mit der einzigen Kuh, die wir besaßen, auf dem Weg nach Hause, es war ein heißer Julinachmittag. Ich war erschöpft und zog die Kuh mit dem Seil, um mit ihr die kleine Brücke aus Palmenstämmen zu überqueren. Es kam oft vor, dass Tiere von dieser Brücke in den Bach fielen. Einmal mussten viele Männer des Dorfes einen Esel aus dem Wasser ziehen. Mansur fuhr mit seinem klimatisierten Auto vorbei. Er war der Einzige im Dorf, der ein solches Auto besaß. Er fuhr langsam, beobachtete mich im Rückspiegel, dann fuhr er zurück, stieg aus und bot mir seine Hilfe an. Ich wurde nervös, und mein Hijab fiel mir vom Kopf. Meine Zöpfe hätten schön ausgesehen und nach gerösteten Mandeln geduftet, sagte mir euer Vater vor unserer Hochzeit.»

«Zeigst du uns diesen Bach?», fragte ich.

«Ja, das kann ich machen, aber ich weiß nicht, ob die kleine Brücke immer noch steht.»

«Hast du mit ihm gesprochen?», fragte ich weiter.

«Nein, überhaupt nicht. Er nahm das Seil aus meinen Händen, ohne mich zu grüßen. Es hat mir gefallen, wie kräftig und selbstbewusst er das Tier auf die andere Seite brachte. Gesehen hatte ich ihn aber schon einmal auf dem Markt, als ich mit meiner Mutter unser Gemüse dorthin brachte. Geschickt sortierte er dort Früchte. Er gab dem Fahrer ein Stück Papier und forderte ihn höflich auf zu unterschreiben. Als der kleine Lastwagen anfuhr, hob er seine Hand und rief dem Fahrer zu: ‹Richte deinem Vater liebe Grüße von mir aus und sag ihm: Al Gamali lädt dich ins Dorf ein, um die Ernte der Trauben zu besichtigen.› Das war das erste Mal, dass ich jemanden aus der Familie Al Gamali von Nahem sah. Von der Familie wusste man im Dorf nicht viel, obwohl viele Einwohner für sie arbeiteten.

Ich kam mit meiner Kuh nach Hause zurück, meine Mutter stand vor dem Ofen und war mit dem Backen von Fladenbrot beschäftigt. Sie glaubte mir nicht, dass Mansur, der älteste Sohn von Daher Al Gamali, ihrer Tochter beim Treiben geholfen hatte. Sie fragte mich, ob er etwas gesagt habe.

Ich sagte: ‹Nein, nichts. Er hat mich freundlich angeschaut. Ich konnte nur kurz in seine Augen blicken, hatte aber das Gefühl, er sei stehen geblieben und habe mich beobachtet, bis ich mit der Kuh aus der engen Gasse bog.›

Zwei Wochen nach diesem Treffen klopfte es noch vor Sonnenuntergang bei uns. Delal öffnete die Tür, es war ein Mitarbeiter der Familie Al Gamali.

Er fragte mich, ob er mit meiner Mutter sprechen dürfe, er habe eine Botschaft von Daher Al Gamali. Sie kam nervös herunter, dann blieb sie sprachlos stehen, als sie die Nachricht hörte: Daher Al Gamali würde sich freuen, wenn er heute Abend bei ihr eine Tasse Tee trinken dürfe. Sie willigte mit zitternder Stimme ein.

Als die Familie Al Gamali das Haus betrat, beobachtete ich sie durch die Ritzen in der Wand. Euer Großvater Daher Al Gamali war über fünfzig, trug traditionelle arabische Kleidung, hatte einen grauen Bart und Schnurrbart und einen ernsten Gesichtsausdruck. Seine Augen zeugten von Wohlstand und Macht. Sein Sohn Mansur und seine zweite Frau setzten sich auf den Boden des Wohnzimmers. Er saß auf dem einzigen Stuhl im Zimmer.

Daher sprach, als sei er bei einer Ernteverhandlung, er gab wenig preis und dosierte Zusagen auf das Nötigste. Mansur hörte dem Gespräch zwischen eurer Großmutter und seinem Vater schweigend zu. Er trug eine schwarze Hose, eine graue Jacke und darunter ein weißes Hemd. Der oberste Knopf war verschlossen.»

Diese Kleidung kenn ich gut, er trug sie auch in der Schweiz. Ich war zwölf, als ich ihn einmal fragte, warum er den obersten Knopf immer zuknöpfe, obwohl er keine Krawatte trage.

«Wir gläubigen Schiiten tragen keine Krawatten.»

«Wieso denn?»

«Weil es das Kreuz symbolisiert.»

«Ist das wahr? Glauben wir nicht an die Kreuzigung von Jesus?»

«Doch, aber nicht so wie die Christen. Das wüsstest du längst, wenn wir in unserem Land leben würden und nicht hier, meine Liebe», sagte er.

«Als euer Großvater im Wohnzimmer saß, herrschte zuerst angespanntes Schweigen. Eure Großmutter wartete, dass er es brechen würde, aber sie bemerkte eine unsichtbare Grenze, die zwischen ihr und ihren Gästen entstand. Sie ergriff die Initiative und sagte, wie stolz sie darauf sei, die Familie Al Gamali als Gast zu haben. Ich hörte das ganze Gespräch mit, mir war von Anfang an klar, dass der Anlass des Besuches die Frage nach meiner Hand zur Frau Mansurs war. In der Nacht stand ich dann vor dem Spiegel im Badezimmer, betrachtete meinen Körper und lächelte leise. Auf einmal begann ich, meine Haare zu bürsten und meine Nägel zu pflegen», sagte Mutter und versank in Gedanken.

Im September 1998, zehn Jahre nach ihrer Heirat und kurze Zeit nach unserer Ankunft in der Schweiz, spazierten wir zusammen in Kreuzlingen am See. Meine Eltern redeten über das Dorf, dann fragte Mutter ihn: «Warum hast du unter allen Dorfmädchen mich ausgewählt?»

Mein Vater schien überrascht und schwieg einen Moment. Meine Schwester und ich schauten ihn gespannt an.

«Mein Herz hat dich gewählt», erwiderte er grinsend.

Ich weiß nicht, ob Vater ehrlich war. Vielleicht. Aber so, wie ich ihn kannte, war es für ihn wichtig, eine Frau zu haben, die ihm seine Wünsche erfüllte und seine Stimmungsschwankungen ertrug, er selbst war sprunghaft und unberechenbar. Ehrlich gesagt, ich habe nicht von ihm gelernt, meine Mutter zu lieben, obwohl er mit ihr verbunden war. Auch seine Verbundenheit mit meiner Mutter sehe ich heute wie einen Teil seiner Verbundenheit mit der Heimat. Sie war für ihn nicht seine Frau, sondern ein Stück seines Dorfs in der Fremde.

Jedenfalls hatte es mich verunsichert, als die Befragerin Auskunft über die Beziehung meiner Eltern wollte: «Hat Ihr Vater Ihre Mutter geschlagen? Wie hat er sich zu Hause oder mit anderen Menschen aus dem Irak verhalten?»

Es war nichts Besonderes bei uns zu Hause, verglichen mit den anderen irakischen Migranten in der Schweiz. Geschlagen hat Vater meine Mutter nie, gestritten haben sie auch nicht oft. Wenn er laut wurde, verließ sie die Wohnung und ging auf den Balkon, auch wenn es kalt war. Darüber reden mit uns mochte sie nicht, und immer war sie bereit, sich wieder zu versöhnen. «Er hat ein gutes Herz, aber eine dünne Haut und einen dicken Schädel», war ihr ganzer Kommentar. Zu uns war Vater eher launisch, wir fürchteten uns manchmal vor ihm. Einmal sagte er, er wisse schon, dass das Gesetz in der Schweiz es nicht erlaube, Kinder zu schlagen, er aber mache das deswegen nicht, weil er uns auf eine friedliche islamische Art und Weise erziehen möchte. Vater hatte große Angst vor solchen Geschichten. Es gab Migranten, deren Kinder der Polizei mitteilten, dass es ihnen zu Hause schlecht gehe. Manchmal erhielt er Anrufe, um als Mediator Probleme in den Familien zu lösen. Zu Hause erzählte er aber davon nichts.

«Wie ist es mit Ihren Beziehungen mit Männern, haben Sie einen Freund gehabt, in der Schule, im Dorf oder jetzt?», fragte mich meine Befragerin weiter.

«Nein, ich habe keinen Freund. Bei meinen Eltern wäre das unmöglich gewesen, auch wenn ich gewollt hätte. Bei uns beginnt die Beziehung zwischen Mann und Frau erst mit der Heirat.»

Mir schossen Bilder durch den Kopf, wie die Eltern alles Mögliche taten, um uns am Ausgehen zu hindern. «Fühlt ihr euch dann wohl, wenn die Leute nur eure Kopftücher anstarren?», sagte Mutter, als wir zum Fastnachtsumzug gehen wollten. Sie hatte recht, wir blieben zu Hause. Sie hatte recht, weil wir das Kopftuch gar nicht tragen wollten.

Fühle ich mich heute unwohl, weil ich nicht verheiratet bin? Einmal hat mich Daniel, nachdem wir zusammen geschlafen hatten, gefragt, ob es für mich ein Problem sei, dass wir nicht derselben Religion angehörten. Die Frage brachte mich durcheinander, ich hatte nie daran gedacht. Ich schwieg, dann musste ich lachen.

«Warum lachst du? Ich habe keinen Witz erzählt und meine es ernst.»

«Denkst du, dass wir beim Sex verschiedene Gefühle haben, nur weil wir nicht derselben Religion angehören?»

«Ich weiß es nicht. Ich bin manchmal unsicher, darum frage ich», sagte er und zog seine Schultern hoch.

«Ich weiß auch nicht, wie ich mich fühlen würde, wenn ich mit einem Moslem oder einem Juden oder sonst wem schlafen würde. Du bist der erste Mann, mit dem ich mein Bett teile, ich kann also gar nicht vergleichen.»

Er schaute mir tief in die Augen und verließ das Zimmer schweigend. Ich lachte nochmals, aber lautlos.

Während der gesamten Befragung blieb die Frau der Caritas stumm. Ab und zu schrieb sie etwas auf das Papier, das vor ihr lag. Ihren Augen entnahm ich, dass sie mir glaubte. Am Ende bat sie die Befragerin um Erlaubnis, mir eine Frage stellen zu dürfen.

«Aber natürlich», sagte diese.

«Was könnte mit einem Mädchen passieren, das die eigene Freiheit sucht und beispielsweise entscheidet, in Bagdad allein zu leben? Gibt es so etwas?»

«Im Dorf habe ich nichts davon gehört. Aber das Leben für diese Frau würde schwierig werden. Als wir in der Schweiz waren, erzählte Vater von einer Frau, die ihre Familie verließ, weil sie nicht heiraten wollte. Drei Monate später fand man ihre Leiche auf der Straße. Man wisse nicht, ob es ein Terrorakt oder ein Ehrenmord war.»

«Das bedeutet, wenn Sie jetzt in den Irak zurückkehren würden, könnte es sein, dass Ihre Flucht als eine Verletzung der Familienehre betrachtet wird?», fragte die Frau weiter.

«Ja.»

Ich war überrascht, ich hatte bis dahin tatsächlich selbst nicht daran gedacht.

Im Raum herrschte Stille. Außer dem Tippen der Protokollführerin war nichts zu hören, das Geräusch kam mir vor wie das Hämmern eines Spechtes im Wald, schnell, regelmäßig und geheimnisvoll. Der Unterschied war, dass man im Wald weiß, dass der Vogel versucht, ein Nest im Baum zu bauen. Von der Protokollführerin weiß man aber nicht, was sie in den Text webt und was es bewirken wird.

Nach einer Weile wandte sich die Befragerin mit einem künstlichen Lächeln an mich: «Frau Al Gamali, wenn ich Sie richtig verstanden habe, haben Sie Ihr Heimatland verlassen, weil Sie dort nicht leben können. Geben Sie mir bitte Gründe an, wieso ich Ihnen Glauben schenken soll.»

Ihre Frage ärgerte mich. «Ich war im Irak ohne Hoffnung, ohne Zukunft. Außer meinen Eltern habe ich nichts im Irak. Die Freude, wieder in der Schweiz zu sein, überwog die Traurigkeit, dass ich meine Eltern verlassen musste. Das Dorf und ich passten nicht zusammen. Den Ort, wo man lügen muss, kann man doch nicht als Heimat bezeichnen.»

Am 21. April 2008 durften wir, beobachtet von den zwei großen Videokameras über der Eingangstür, das Empfangszentrum Kreuzlingen in Begleitung von zwei Securitymännern verlassen. Wir waren überglücklich, weil wir dem Kanton Thurgau und der Stadt Frauenfeld zugeteilt worden waren. Beyan und Katrin hatten sich im Hintergrund mit Hilfe eines Anwalts darum bemüht.

Es war ein seltsames Gefühl, die Stadt wieder zu betreten, in der ich früher unter so anderen Umständen gelebt hatte. Ich trat gleichzeitig in zwei Welten, die nebeneinanderstanden und sich im Kreis zu drehen begannen, ohne sich je zu berühren wie in einem Karussell. Die eine Welt war meine Zeit mit der Familie, als ich als kleines Mädchen hier in Frauenfeld gewohnt hatte und zur Schule gegangen war. Die andere war mein jetziges «Ich», wieder in Frauenfeld, doch als Asylsuchende in einem Flüchtlingsheim. Ich begriff jetzt, warum meine Mutter gesagt hatte: «Eine Flucht verändert das ganze Leben.» Sie hatte recht. Seit meiner Flucht nehme ich immer wieder wahr, dass ich mich von meinem eigenen Leben distanziere. Ich lasse die Ereignisse in meinem Leben geschehen, als gingen sie mich nichts an, fühle mich wie eine Zuschauerin im Theaterstück meines eigenen Lebens. Das Ticket für das Stück erhielt ich von der Flucht.

Seitdem sind über zehn Jahre vergangen, und ich frage mich, ob meine Flucht wirklich zu Ende ist. Warum spüre ich jetzt meine Kleider an meiner Haut kleben und eine Kälte in meine Knochen schleichen wie damals im Alten Rhein an der Grenze zwischen Österreich und der Schweiz?

Unser Asylheim lag in der Nähe einer Hauptstraße. In diesem Heim soll mein Vater im Jahr 1997 ein paar Monate gelebt haben.

Nosche und ich gaben dem Chef unsere Papiere, die wir aus dem Empfangszentrum Kreuzlingen mitbrachten. Wir erhielten den Schlüssel unseres Zimmers, blieben aber nicht lange, sondern gingen gleich zu einem unserer Lieblingsplätze in Frauenfeld, einem kleinen Wald auf dem Herrenberg. Wir saßen unter einem Baum im Gras. Ich legte mich hin und versuchte, meinen Körper fest auf den Boden zu pressen. Ein schönes Gefühl durchströmte mich. Ich fühlte mich frei, ohne zu wissen, wovon: von meinen Eltern, vom Quälgeist der Heimat oder von mir selbst.

«Es ist verrückt», sagte Nosche.

«Was?»

«Alles, alles ist verrückt. Erst jetzt spüre ich, wie stark das Wort Flucht ist. Es trifft mich wie ein scharfes Messer, das in meinen Körper sticht und mich in zwei Hälften teilt.»

Es war schrecklich, das von ihr zu hören. Aber ich blieb ruhig.

Nach ein paar Minuten stand sie auf: «Lass uns gehen, dem Wind nach wird es ein Gewitter geben.»

Zurück im Asylheim, blickten wir auf die Bäume, die sich im Wind bogen. Erstaunlich, wie flexibel und dennoch stark ihre Stämme waren. Aber wer weiß, vielleicht war das auch für einen Baum schmerzhaft?

«Wir sind gerettet, aber weißt du, Nosche, irgendeine Stimme in mir sagt mir manchmal das Gegenteil.

Eine Stimme, die ich zu überhören versuche. Geht es dir auch so?», fragte ich meine Schwester, bevor wir ins Bett gingen.

«Manchmal bin ich traurig. Aber wir sind nicht mit leeren Händen hier. Wir haben Freunde, Erfahrung und die Hoffnung, wieder in die Schule zurückkehren zu dürfen. Ich bin überzeugt, dass es besser wird.»

Am Abend saßen wir oft im großen Aufenthaltsraum. Wir sprachen arabisch, wenn ein Sicherheitsangestellter da war, sonst schweizerdeutsch.

«Bestimmt hat sich unser Verschwinden im Dorf blitzartig verbreitet», sagte Nosche, «aber der Staub des Alltags wird sich ebenso schnell daraufgelegt haben wie über die vielen Geschichten der Verschwundenen, die wir im Dorf gehört haben», sagte Nosche.

Das stimmte. In jener Zeit verschwanden im Irak so viele, dass das kaum mehr Beachtung fand. Bestimmt haben die Frauen, die in den Gassen vor ihren Häusern saßen, unser Verschwinden durchgehechelt. Aber ebenso sicher haben sie sich am Abend wieder beruhigt, das Dorf hat es vergessen und sich dem Aufruhr des nächsten Tages zugewandt. Nur für meine Eltern würde unsere Flucht eine Wunde bleiben, auch wenn Vater seine Trauer und Hilflosigkeit nicht zeigen würde.

«Die Abwesenheit der Bienenkönigin lässt das ganze Bienenvolk verkümmern. Du bist meine Bienenkönigin», hatte er einmal zu Nosche gesagt und sie an sich gezogen. Bloß seltsam, dass er sie sonst wie eine Bienenarbeiterin behandelte.

Manchmal beneide ich Daniel. Er hatte immer alles, wurde immer bestärkt in dem, was er tat. Keine Spur von Mangel, Angst oder Unsicherheit, keine Gefühle, wie sie meine Kindheit beengten. Alles ging seinen geordneten Gang wie bei vielen Schweizern. Sie leben wie ihre Kirchturmuhren, sie sind schön und groß, aber sie gleichen sich alle und hören nicht auf, die Zeit zu messen. Meine Zeit ist ein Durcheinander, manchmal ist sie in die falsche Richtung gedreht worden.

Ob wir uns wirklich verstehen können? Ich weiß nicht, ob er mich liebt oder die andere Kultur in mir. Oder liebt der ordentliche Schweizer mein Chaos? Wie könnte man das unterscheiden?

«Warum studierst du Ethnologie?», habe ich ihn einmal gefragt.

«Weil es abwechslungsreich ist. Es geht um Soziologie, Philosophie, Geschichte, Politik und Religionswissenschaften, es ermöglicht mir ein besseres Verständnis dieser Welt, der Menschen, die in einer Kultur zusammenleben. Ich finde es interessant, dass die Menschen gleich, aber in ihren Kulturen trotzdem verschieden sind. Ich studiere es, weil mich andere Menschen und Kulturen interessieren», antwortete er, und seine Augen glänzten dabei.

Auf einer Wanderung erregte ein alter Eichenbaum meine Aufmerksamkeit. Ich versteckte mich hinter seinem Stamm und sagte zu Daniel: «Schau, ich bin schattenlos. Mein Schatten ist ein Baum.»

Ich wollte scherzen, aber er nahm die Sache ernster, als sie war, wie immer.

«Kein Mensch kann schattenlos sein. Unser Schatten ist unsere Vergangenheit, und die verschwindet nicht, auch wenn das Licht fehlt.»

Es ärgerte mich, dass er alles in seine Richtung drehte.

«Das habe ich nicht gemeint.»

«Aber ich.»

Wir liefen stumm weiter. Ab und zu blieb er stehen, beobachtete das Gebirge mit seinem Fernglas und benannte die Gipfel. Ich grübelte über unsere Beziehung. Dass er meine Kultur verstehen wollte, aber nicht meinen Humor.

Und doch wollte ich nicht aufgeben, ich spürte die Hoffnung in mir. Nur hatte ich das Gefühl, jemand habe unser Tuch der Hoffnung mit dem Faden der Verzweiflung gewoben. Meiner Verzweiflung. Wie lange konnte ich meine Augen verschließen vor den vielen Fragen, die Daniel an mich hatte? Mein Hakenschlagen war anstrengend. Was zwang mich, trotzdem hart zu bleiben?

Ich hasse Leute, die Liebe mit Dulden gleichsetzen. Die Schiiten im Irak lieben das Leiden im Leben, weil sie denken, es sei der direkte Weg ins Paradies. Niemand liebt Gott, alle fürchten ihn. Liebe muss doch heißen, dass man frei lebt und die Freiheit des anderen respektiert? Im irakischen Dialekt beschreibt man das Treffen mit einer Geliebten als «Wiedererlangen der Seele», als wäre der Körper vorher nur eine leere Hülle gewesen.

«Schau, diese schöne Alp!», holte mich Daniel aus meinen Gedanken. «Aida, weißt du, dass jede Kuh, die du da siehst, eine Unterstützung vom Bund kriegt?

Und dass Studenten und Studentinnen aus Deutschland kommen, um die Kühe hier oben zu hüten?»

«Aber wieso bezahlt der Bund die Bauern, wenn die damit Studenten anstellen?»

«Die Bauern haben auf ihrem Hof zu tun. Im Herbst werden sie ihnen wiedergebracht, sie wandern mit Blumen geschmückt ins Tal. Hast du schon mal einen Alpabzug gesehen? Hier im Appenzell sind sie besonders schön.»

«Nein, das habe ich noch nie gesehen.»

«Hatte deine Familie im Irak auch Tiere? Sie waren doch Bauern? Hatten sie Kühe?»

«Ich glaube schon. Jedenfalls habe ich von meiner Mutter einmal gehört, dass ihre Mutter wichtige Papiere der Familie zu Hause in einer Wandritze versteckte und dass einmal eine Ziege wichtige Dokumente gefressen habe.»

Wir lachten.

«Schön, dass das Tier so nahe mit den Menschen lebt, und nicht isoliert in der abseits stehenden Scheune.»

Das Wort «Scheune» erinnerte mich an meinen Rückzugsort im Dorf, der Vorplatz der Scheune war immer besonnt, dort legte ich mich mit geschlossenen Augen in die Herbst- und Wintersonne und träumte.

Vor dem Asylheim saßen Nosche und ich oft auf einer Bank auf der Südseite. Wenn die Sonne schien, schlossen wir unsere Augen und vergaßen das Warten auf den Asylentscheid. Einmal sagte Nosche: «Das Nachdenken über den Sonnenaufgang macht die Nacht erträglich.

Vertraue den Dingen und schau nur aus dem Fenster des Sonnenaufgangs auf die Nacht. Und der Vogel zweifelt nicht am Ort, zu dem er fliegt. Auf ihn wartet immer ein Baum, und auf uns wartet unser Traum.» Ihre Augen füllten sich mit Tränen.

Im Zimmer waren wir zu dritt, zusammen mit Kindake. Sie war zwanzig und wie wir ohne Familie. An die Wand hängte sie zwei vergilbte Fotos von ihrer Mutter und ihren fünf Geschwistern, vom Vater, der im Krieg gefallen war, habe sie kein Foto gefunden, sie trage ihn im Herzen. Sie war groß gewachsen und hager, ihre Finger waren außergewöhnlich schön.

«Mit diesen Fingern musst du Klavier spielen lernen oder Geige», sagte ihr Nosche.

«Ich spiele auf dem Herzen meines Geliebten», lachte sie und zwinkerte. Kindake war wie ein Vogel. Wo sie sich bewegte, hinterließ sie eine Art Leichtigkeit. Ihr Geliebter, der auch aus Eritrea stammte, trug exotische Kleider, die ihn sehr auffällig machten. Sie lebte extrem sparsam, damit sie ins Kino gehen konnte. Wir erhielten achtzig Franken pro Woche für Essen und Trinken.

«Verstehst du sie denn, oder gibt es Untertitel?», fragte ich.

«Ich sehe Liebesfilme, dafür brauche ich keine Untertitel. In Eritrea schweigen die Liebenden mehr, als sie sprechen. Die Liebe ist eine Sonne im Herzen, man kann sie nur spüren.»

Kindake war sehr ordentlich und putzte regelmäßig ihre Zähne. Wir halfen ihr, Deutsch zu lernen. Der

Deutschkurs im Asylheim war obligatorisch, aber sie ging auch gerne dorthin. Wir waren getrennt von den alleinstehenden Männern, und Kindake war die einzige junge Frau, die mit den Männern nach dem Kurs zum Beschäftigungsprogramm im Wald ging. Sie liebte diese Arbeit und war verblüfft, so viel Grün, Wasser und Bäume zu sehen.

«Die Hälfte der Teilnehmer dieses Kurses ist in mich verliebt, aber mein Herz gehört nur Ghadi», sagte sie lachend.

Ghadi lebte in der Nähe von Frauenfeld und kam sie regelmäßig besuchen. Wir beneideten sie, weil sie jedes Wochenende bei ihm blieb und er ihr immer Blumen schenkte, manchmal prachtvolle Sträuße. Aber dann brachen Ghadis Besuche ab. Am Anfang wich sie unseren Fragen aus, aber plötzlich erzählte sie uns, dass sie einen riesigen Streit mit ihm hatte.

«Stellt euch vor: Er wurde von der Polizei auf dem Friedhof beim Stehlen von Blumen ertappt. Mein Herz kann ich nicht einem dummen Mann schenken. Er klaut den Toten ihre Blumen, das ist eine Sünde. Er glaubt, dass es den Toten nichts ausmachen würde, und am Schluss meinte er, die Toten wären glücklich, wenn ihre Blumen die Liebe und das Leben anderer lebendig hielten.»

«Was für eine Frechheit!», fanden wir.

«Erhalten die Toten auch Blumen bei euch?», fragte sie.

Nosche und ich schauten uns an. Als wir im Irak waren, besuchte Mutter das Grab ihrer Eltern auf dem größten Friedhof des Landes. Sie begoss die Grabsteine mit Rosenwasser und sprach dazu ein Gebet.

«Blumen haben wir keine gesehen. Bei euch?»

«Auch nicht», entgegnete Kindake.

Vier Wochen waren vergangen, als der gelbe Abholschein der Post bei uns eintraf. Wer im Heim etwas per Einschreiben erhielt, wusste, dass der Entscheid über das Asylgesuch eingetroffen war. Wir waren ungeduldig und rissen den Brief schon in der Schalterhalle auf. Er war kompliziert geschrieben, die Zusammenfassung lautete: Mein Asylgesuch wurde abgelehnt. Die Gründe, die ich angegeben hatte, erlaubten keinen Asylaufenthalt in der Schweiz. Ich sei nie im Gefängnis gewesen, würde nicht gesucht und hätte keine politischen Gründe gehabt, um den Irak zu verlassen. Außerdem sei mein Leben im Irak nicht bedroht. Für Nosche war der Entscheid noch schlimmer. Weil sie ihre Fingerabdrücke in Österreich abgegeben hatte, wurde gar nicht auf ihr Gesuch eingegangen.

Auch in meinem Brief wurden meine Fingerabdrücke in Österreich erwähnt. Allerdings fehlte der Nichteintretensentscheid. Später erfuhr ich, dass es mit dem Alter zu tun hatte. Ich war in Österreich unter achtzehn, Nosche darüber.

«Das ist doch einfach Blödsinn. Ich verstehe dieses Dublinsystem nicht; die Schweiz sollte doch zuständig sein, weil die Familie früher schon einmal hier Asyl beantragt und erhalten hatte, oder? Wir müssen jetzt gut überlegen, was wir machen», meinte Katrin.

«Ja, aber das Dublin-Abkommen bietet keine Grundlage für deine Version, weil Österreich der Ersteinreisestaat ist. Die Fingerabdrücke wurden sicher an alle Schengenländer weitergeleitet. Asyl beantragen darf Nosche theoretisch nur in Österreich. Aber durch meine Arbeit als Dolmetscher weiß ich, dass Geschwister im Normalfall nicht getrennt werden, insbesondere, wenn eines noch minderjährig ist und keine Eltern dabei sind. Leider machen die Behörden zum Teil komische Sachen», sagte Beyan zu Nosche.

«Ich bin geflüchtet und habe mein Leben riskiert, weil ich hier in der Schweiz meine Zukunft sehe, nicht um in Österreich ein Asylgesuch zu beantragen. Ich bin hier zu meinem eigenen Leben zurückgekommen, nicht, um ein neues anzufangen in Österreich. Vielleicht würde ich dort aufblühen, das weiß ich ja nicht. Aber hier weiß ich sicher, was ich verliere, wenn ich gehen muss. Ich brauche einen Rechtsanwalt», sagte Nosche trotzig. Auf der Flucht hatte Nosche einmal gesagt, sie könne sich ihr Leben außerhalb der Schweiz nicht vorstellen. «Im Dorf schon gar nicht.»

Am Schluss unserer Briefe stand klein gedruckt, dass gegen diese Verfügung innerhalb von dreißig Tagen nach Erhalt des Briefes Einspruch erhoben werden könne.

Am nächsten Tag fragten wir den Chef des Heims, ob er irgendeine Hilfsorganisation kenne, bei der wir rechtliche Unterstützung erhalten könnten. Er gab uns die Adresse der Caritas. Dort gebe es Anwälte, die das gratis machen würden. Am Abend besuchte uns Katrin und nahm uns mit nach Hause. Beyan schlug vor, auf seine Kosten einen Anwalt für uns zu engagieren. Wir versprachen, darüber nachzudenken. Auf dem Rückweg schwiegen wir, ich war verstört wie schon lange nicht mehr.

Vor der Tür des Heims hatte sich Hamoudi aufgebaut, ein Iraker, der schon ewig da lebte. Er wusste über alles Bescheid und mischte sich in jede Angelegenheit ein. In der Küche war er ein Bettelsack, wenn gekocht wurde. Kindake meinte, er habe sie einmal belästigt, beim nächsten Mal melde sie es dem Hauschef. Es gab noch andere Gerüchte: Er gehe einmal in der Woche ins Hallenbad, um dort zu sitzen und durch das Glasfenster Frauen zu beobachten. «Glücklich sein ist gar nicht schwierig, es kostet nur sechs Franken», soll er gesagt haben.

«Habt ihr den Entscheid erhalten? Junge Frauen werden in diesem Land bevorzugt», sagte Hamoudi. Hinter seinem Lachen sah man einen Haufen Trümmer, Traurigkeit und Geschrei.

«Wir haben nichts bekommen. Lass uns vorbei», sagte Nosche.

Im Zimmer sagte Nosche: «Das machen wir sicher nicht, dass Beyan und Katrin auch noch diese Kosten für uns übernehmen. Sie haben für unsere Flucht viel Geld ausgegeben, und die Anwälte hier sind furchtbar teuer, schlimmer als Zahnärzte.»

«Ja, aber was machen wir, wenn die dreißig Tage vorbei sind, wer weiß, wann wir einen Termin bei der Caritas bekommen?», bemerkte ich.

Die Vorstellung, dass Nosche nach Österreich abgeschoben würde, versetzte mich in Panik. Es gab auch schreckliche Geschichten, die wir gehört hatten, von Leuten, die bis zu ihrer Abschiebung in ein geschlossenes Heim gebracht wurden.

«Ich muss untertauchen. Ich habe gehört, dass auch ein guter Anwalt nichts gegen einen solchen Entscheid machen kann, höchstens ein paar Wochen herausholen. Du kannst dich bei der Caritas melden, für mich wäre das nur Zeitverschwendung», sagte Nosche.

«Was meinst du damit?»

«Erinnerst du dich an meine Freundin in der Schule, Vanja?»

«Ja, was ist mit ihr?»

«Sie ist mit ihrer Mutter in den Kanton Zürich gezogen. Ihre Mutter hat ein Haus in Uster geerbt, und Vanja hat eine Lehrstelle im Kantonsspital Winterthur gefunden. Ich habe sie getroffen und ihr alles erzählt. Sie hat mir angeboten, für eine Weile bei ihr und ihrer Mutter im Haus zu wohnen. Ihre Mutter hat nichts dagegen.»

Ich kannte Vanja, sie war seit der Primarschule eine gute Freundin von Nosche. Ihre Mutter hatte uns immer wieder zu sich nach Hause eingeladen zum Spielen, aber unsere Eltern erlaubten es nicht.

«Weiß Vanja Bescheid über das mit den dreißig Tagen?»

«Ja, aber ihre Mutter nicht.»

Ich schwieg einen Moment. «Ja, aber weißt du, Nosche ...»

«Nichts aber. Ich nehme dieses Angebot an, Aida. Ich kann nicht hier warten, bis die Polizei kommt und mich nach Österreich schickt. Das ist alles schon passiert, das weißt du.» Nosche verließ das Zimmer.

Ihr Plan war, eine Scheinehe zu organisieren. Bevor sie wegging, musste ich versprechen, von nichts zu wissen und auch Beyan und Katrin nichts zu sagen.

«Ich muss die Zeit nutzen, bis mein Ausweis abläuft, danach bin ich sehr eingeschränkt. Ruf mich nur aus einer Kabine an, wenn es nötig ist», sagte Nosche.

Ich war verblüfft über ihre Kühnheit, eine Alternative wusste ich aber auch nicht. Am Abend herrschte eine lähmende Leere im Zimmer und in meiner Seele. Die Fragen von Kindake beantwortete ich nicht.

Zwei Wochen nach dem Entscheid, am 11. Juli 2008, es war ein warmer Vormittag, ich hatte eingekauft und stand in der Küche, fuhr ein Polizeiauto vor. Das war nicht ungewöhnlich. Eine halbe Stunde später wurde ich ins Büro gerufen. Ich stellte den Herd ab, wusch mir die Hände und ging hin. Im Büro waren nicht nur der Chef, sondern auch drei Polizisten und eine Frau, die mir einen Stuhl anbot. Ich kannte sie, sie kam jeweils, um Personen in schwierigen Situationen zu betreuen. Ich bereitete mich darauf vor zu sagen, dass ich nichts wüsste von Nosche.

«Ihre Schwester Nosche hatte in der Nähe des Bahnhofs in Uster einen Unfall. Sie war mit dem Velo unterwegs und liegt jetzt im Spital in Winterthur.»

Die Worte trafen mich wie eine heftige Ohrfeige. Und noch heute fährt der Schock durch mich, sobald ich daran denke. Dabei sagten sie mir nicht, dass Nosche bereits tot war.

Sie lag in einem Zimmer mit einer hohen Decke und einem einzelnen Bett. Es waren die schwierigsten drei Schritte meines Lebens. Ich konnte nicht weinen, nicht schreien, ich spürte, wie sich eine seltsame Kälte in mich hineinfraß. Zum ersten Mal wünschte ich mir, das Leben zurückspulen zu können. Zu jenem Punkt, als sie im Dorf sagte: «Wir gehen.» Um Nein zu sagen.

Als ich das Spital verließ, wusste ich nicht, wie weiter. Ich fühlte mich erstickt, gelähmt. Und ich konnte nicht mehr sprechen.

Ich hatte damals mit vielem gerechnet. Dass sie ausgewiesen würde und ich ihr folgte. Dass sie jemanden finden würde, der sie heiratete. Dass plötzlich unser Vater vor uns stand. Aber nie damit, Nosche zu verlieren. Warum passierte das alles? Warum nicht im Irak? Oder auf der Flucht? War das ihre Bestimmung, dass sie mich hierherbrachte? Das quält mich heute noch.

Ich bekam einen Transfer und wurde in ein Haus für unbegleitete Frauen unter achtzehn Jahren gebracht, auch in Frauenfeld. Vier Monate vergingen in einem kleinen Zimmer, in dem ich allein lebte und immer wieder denselben Traum träumte. Ich sah Nosche in einem Garten. Sie überreichte mir eine Amaryllis. «Nimm! Die ist für dich», sagte sie lachend.

Dann schickten sie mich in ein anderes Frauenheim in Frauenfeld, wo ich bis zum Herbst 2010 lebte.

Ich wollte, dass Nosche in der Schweiz begraben würde, aber das war unmöglich. Ihre Leiche blieb zwanzig Tage im Kühlraum im Spital, bis die Formalitäten, den Leichnam in den Irak zu überführen, erledigt waren. Beyan telefonierte mit meinem Vater. Meine Eltern wollten Nosche unbedingt auf dem Familienfriedhof in Nadschaf begraben. Mein Vater setzte alle Hebel in Bewegung, bestach Leute, bis er die Genehmigung hatte, Nosches Leichnam kommen zu lassen. Ich selbst konnte immer noch nicht sprechen. Ich weinte, als Beyan mir erzählte, mein Vater habe am Telefon nach mir gefragt, ob ich zurückkehren möchte. Ich wollte meine Eltern umarmen, aber ans Zurückkehren dachte ich nicht. Es wäre ein Verrat an meiner Schwester gewesen. Ich spürte die Verantwortung für unsere Flucht, die sie organisiert hatte. Sie durfte auf keinen Fall misslingen.

Die irakische Botschaft schickte einen ihrer Beamten nach Winterthur, er besichtigte den Leichnam. Eine türkische Organisation übernahm den Transport der Leiche nach Bagdad gegen viertausend Franken, die mein Vater aus dem Irak überwies. Nosche erhielt einen irakischen Pass, zum ersten Mal einen Pass mit ihrem Namen, mit dem sie am 31. Juli 2008 für immer in die Heimat reiste, in der sie nie leben wollte.

«Wie war Nosches letzter Tag?», fragte ich Vanja einmal.

«Sie war glücklich. Sie sagte aber, dass sie nicht gut geschlafen habe. Wir saßen in der Küche und tranken Kaffee. Sie zog ein kleines Heft aus ihrer Tasche, las etwas, dann sagte sie, dass sie für eine halbe Stunde verschwinden müsse, um etwas zur Post zu bringen.

Sie versprach, dass sie nicht zu spät kommen würde, weil wir meinen freien Tag zusammen verbringen und einkaufen gehen wollten. Sie nahm ein Velo aus unserem Keller und fuhr los. Es vergingen keine fünfzehn Minuten, bis ich die Sirene des Krankenwagens hörte. Nach einer Stunde begann ich, mir Sorgen zu machen. Ich fürchtete, sie sei von der Polizei angehalten und gefragt worden, was sie in Uster mache. Ich bekam Angst und rief meine Mutter an. Sie nahm aber nicht ab, sie war bei der Arbeit. Auf dem Weg zur Post erfuhr ich von Passanten, dass es einen Unfall im Kreisel beim Bahnhof gegeben habe.»

Im Polizeibericht, den ich ein paar Monate später erhielt, stand, dass Nosche im Kreisel von einem Lastwagen mit Anhänger erfasst wurde. Sie starb kurz nach der Einlieferung ins Krankenhaus.

Nosche erhielt keine Todesanzeige und keinen Trauertag in der Schweiz. Alles, was ich von ihr habe, sind ihre Kette, ein paar Kleider und kleine Sachen, die sie bei Vanja hatte. Das Lieblingsstück von Nosche ist und bleibt für mich ihr gelber Schal, den ich manchmal mit ins Bett nehme, seit ich von einer Schweizerin gehört habe, dass sie ein Kleidungsstück von sich neben ihr unruhiges Kind ins Bett lege, es höre dann mit dem Weinen auf. Es hilft auch bei mir.

Über die Trauer kann ich nicht schreiben. Mir ist, als müsste ich die Wörter in den Schatten legen, und dies kann ich eben genau nicht. Alles, was ich zur Trauer über meine Schwester sagen kann, ist, dass ich sprachlos trauerte. Auch als ich meine Stimme zurückbekam, hatte ich keine Worte dafür. Die schwierigste Prüfung im Leben ist vielleicht die Frage: Was geschieht mit uns, wenn Menschen, die wir lieben, für immer gehen?

Nach mehr als zehn Jahren stelle ich mir vor, was sie mir sagen würde, wenn sie mich sehen würde. Vielleicht würde sie sagen: «Renn, Aida! Renn um dein Leben. Geh weg von den Feldern der Schmerzen und der Trauer. Lebe dein Leben und versuche, ein Stück von meinem Traum in deinem zu leben.» Und manchmal fühle ich mich, als ob ich zwei Frauen wäre. Ich trage meine Schwester in mir und versuche, beiden Leben einen Raum zu geben. Ihr Traum von der Freiheit bleibt in mir lebendig wie eine offene Wunde am Himmel, von der aus Licht in meine Seele dringt.

Ich bin aus dem Ton dieses Traumes erschaffen. Mein Körper beherbergt die Seele eines Vogels. Ich schwebe mit ihr und erreiche mein Ziel, denn ich weiß, dass das, wonach ich suche, auch nach mir sucht. Wenn ich mich verlaufe, führt mich die Hoffnung, die tief in mir verwurzelt ist wie eine Eiche. Diese Seele lehrte mich, dass das, was ich ersehne, jenseits von Angst und Zweifel liegt. Sie lehrte mich, den Himmel mit offenen Augen zu betrachten und aus dem Fallen ein Fliegen zu machen.

Das Alphabet der Hoffnung

Im Irak wird ein guter Tag mit Wasser und der Farbe Grün in Verbindung gebracht. In der Schweiz ist es meistens der blaue Himmel. Nach irakischem Maßstab dürfte kein einziger Tag in der Schweiz schlecht sein.

Für mich ist ein guter Tag nicht vom Wetter abhängig. Es gibt Tage, an denen ich einfach Energie habe ohne besonderen Grund. An diesen Tagen fühle ich die Hoffnung in mir und achte auf ihre Bewegung wie eine Violinistin, die im Orchester dem Stab des Dirigenten folgt. Immer wieder versuche ich, einen solchen Tag zu planen, mir vorzunehmen, dass morgen ein solcher sei. Doch es gelingt mir nicht, sie kommen, wie sie wollen, diese Tage.

Wie letzte Woche. Am Morgen erhielt ich von meiner Chefin ein Kompliment für meine Arbeit zu den Ausstellungen und Veranstaltungen «Basel im Orient». Unsere Hauptbibliothek an der Universität hat an den Feierlichkeiten zur Gründung des Seminars für Nahoststudien im Jahr 1919 mitgewirkt. Es hat mich erstaunt, wie groß und wertvoll die Sammlung der Orientbibliothek ist. Ich hatte auch keine Ahnung davon, wie sehr die Geschichte Basels mit dem Orient verwoben ist. Erst jetzt begreife ich, was mein Vater meinte, als er sagte: «Außer den Alpen und Basel kennen wir Iraker von der Schweiz kaum etwas.» Ich wurde wiederholt um Übersetzungen gebeten, wenn die arabischen Bücher aus dem Magazin kamen. Es war ein schönes Gefühl, die arabischen Kalligrafien lesen zu können.

«Wenn du arabisch sprichst, wirst du lauter. Woran liegt das?», fragte mich eine Mitarbeiterin.

«Keine Ahnung. Es kommt einfach so aus dem Mund.»

Diese Kollegin nervt mich mit ihren vielen Fragen und ihrer Naivität. Vor allem, wenn sie Interesse heuchelt.

Sie setzte ihre Brille ab, öffnete ihre blauen Augen, so weit sie nur konnte, und fragte mich über verschiedenste Dinge im Islam, aber nicht, um mehr darüber zu erfahren, sondern um mir zu zeigen, wie anders ich sei.

«Ist es wahr, dass man auf Arabisch von rechts nach links schreibt und liest?»

«Ja.»

«Ich kann mir gar nicht vorstellen, dass eine Sprache vom Ende her beginnt», lachte sie.

Ich schwieg einen Moment, dann musste auch ich lachen, aber über die Geschichte, die uns mein Vater einmal erzählte. Ein Arbeitskollege in Frauenfeld soll ihn gefragt haben, ob es im Irak auch Christen gebe. Als er das bejaht hatte, fragte sein Kollege weiter, ob diese dort Schweinefleisch essen dürften. Mein Vater bejahte nochmals. Ob es im Irak überhaupt Schweine gebe, fragte er. Mein Vater antwortete, es gebe mehr als genug.

Dafür fragte mich ein Referent zu «Basel im Orient», wieso ich Arabisch könne.

«Arabisch ist meine Muttersprache.»

«Aha, aber Sie sind in der Schweiz geboren?»

«Nein, ich bin nur im Thurgau aufgewachsen.»

«Interessant, Sie sind Araberin und Thurgauerin. Haben Sie gewusst, dass die Studien über den Orient in

Basel erstmals durch den Thurgauer Sprachwissenschaftler Theodor Bibliander bedeutsam wurden? Er veröffentlichte eine lateinische Übersetzung des Korans bei einem Basler Drucker.»

Das kurze Gespräch mit diesem Professor bereitete in mir Freude. Zum ersten Mal wurde ich als Araberin und Thurgauerin angesprochen, es ehrte mich.

Die Jubiläumsfeierlichkeiten gingen zu Ende, und wir begannen, die Bücher und Dokumente an ihre Plätze zurückzubringen, damit wir sie Anfang 2020 den Bibliotheksbesuchern zur Verfügung stellen konnten. Ich mag es sehr, vor den Beständen der arabischen Literatur und Geschichte zu stehen. Ich lasse meinen Blick über die alten Bücher, ihre leicht beschädigten Einbände und vergilbten Seiten schweifen, und wenn ich die Titel und die Namen der arabischen Autoren lese, fällt mir Vater ein, wie er uns kurze Gedichte vorlas.

«Wer von euch das auswendig kann, erhält von mir ein kleines Geschenk.»

Ich gab mir Mühe, den Text richtig auszusprechen.

«Ein Gedicht vorzutragen, erfordert ein bestimmtes Tempo. Du darfst die Worte nicht kalt hinauswerfen. Poesie ist die Frucht der Sprachen. Man muss sie mit Gefühl einsetzen. Höre den Wörtern zu und lass sie deine Zunge berühren, bevor du sie aussprichst.»

Jedes Gedicht klang schön, wenn mein Vater es vortrug. Ich wurde immer schneller beim Auswendiglernen und auch beim Lesen. Manche Bücher verschlinge ich heute, wie ich ein Glas Wasser trinke.

Die Zeit ohne Daniel weckt eine Stärke in mir. Ich realisiere, dass mir meine Eltern viele Erlebnisse und Erfahrungen einimpften, von denen ich dachte, sie tatsächlich selbst erlebt zu haben. Es sind diese Dinge, die in mir sind, ohne mir je gehört zu haben. Aber ich kann in meiner Geschichte graben, ohne an das arabische Sprichwort denken zu müssen: «Wer den Wind sät, erntet den Sturm.» Ich finde Dinge, die mich vorher geärgert haben oder für die ich mich geschämt habe. Jetzt finde ich meinen Ärger sinnlos. Die Scham auch.

Ich kann die arabische Sprache ganz neu aussprechen und ihren Duft einatmen, meine arabischen Buchstaben strecken ihre Arme weit aus und drücken mich an sich. Ich spüre die Wärme eines M bei *umi,* dem arabischen Wort für Mutter, und die Geborgenheit des I von *abi,* Vater. Von allen Wörtern fällt das Grau ab, als ob ich etwas Klebriges aus meinen Augen entferne. Und je mehr ich meine Augen befreie, desto heller erscheinen mir die Farben meiner Vergangenheit.

Bald ist das Jahr 2019 vorbei. Meine Mutter hatte vor Jahren gesagt, sie feiere nicht das neue Jahr, sondern dass ein weiteres in der Fremde vorbei sei. Ich weiß nicht, was ich feiern soll, Daniel bleibt über die Feiertage im Safiental, er habe viel Arbeit auf dem Hof.

«Es ist das erste Mal, dass er Weihnachten so weit weg von der Familie verbringt. Auch hat er sich schon zwei Monate nicht mehr bei mir gemeldet», beklagte sich seine Mutter am Telefon. Sie begann, mir mit ihren Telefonaten ein wenig auf die Nerven zu gehen.

Diese Woche habe ich zwei Nachmittage frei, da ich Überstunden gemacht habe, die ich noch dieses Jahr abbauen muss. Das passt mir sehr gut. Ich ging in die Stadt und kaufte mir ein Bahnticket nach Salzburg.

In dieser sogenannten Adventszeit scheint es um meine Integration nicht gut bestellt. Daniel hatte letztes Jahr einen Christbaum in die Wohnung gebracht. Ich protestierte: «Spinnst du? Wo sollen wir den hinstellen? Wir haben keinen Platz!»

«Egal, er ist klein und macht das Zuhause gemütlicher», erwiderte er.

Kitschig stand der Baum vor dem Fenster. Solche Gemütlichkeit ersparte ich mir dieses Jahr, stattdessen unternahm ich einen langen Spaziergang am Rhein. Der Fluss weitete sich vor meinen Augen zu einer Breite, die mich in Gedanken manchmal zum Euphrat führt. Dabei habe ich mit beiden Flüssen nicht viele Erlebnisse. Trotzdem tauchen am Rhein bei mir Erinnerungen auf, wie man wilden Tieren auf einem Wanderweg begegnet. Etwa an den Tag, als mein Vater mit Nosche und mir auf dem Traktor zu einem Feld am Euphrat fuhr. Die Landschaft war voller Dattelpalmen, die Obstbäume waren buschig, wie wilde Gärten breiteten sich die Plantagen aus, in denen die alten Häuser der Bauern versteckt lagen. Darum hatte sich Vater immer gewundert im Thurgau. «Manche Bauernhöfe hier sind für mich wie Kunstwerke», sagte er, wenn wir mit dem Auto unterwegs waren.

Oder das Haus meiner Eltern taucht auf mit dem Baum, den Onkel Hamza angepflanzt hat. Er nannte ihn «die Perserin». «Ich habe einmal als Taxifahrer gearbeitet, und eines Tages kam eine junge Dame zu mir, die nur Persisch sprach. Ich musste sie zum Grab von Imam Ali in Nadschaf fahren, und hinterher stellte ich fest, dass sie eine kleine Pflanze auf dem Rücksitz vergessen hatte. Es war dieser schöne Zitronenbaum. Er gefiel mir», erklärte uns unser Onkel.

«Der Baum oder die Frau gefiel dir?», fragte Nosche lachend.

«Beide!», lachte er.

Noch ein Baum trug einen Namen, ein Kirschbaum. Ich entdeckte ihn im Garten des Frauenheims in Frauenfeld. Frau Remer, die uns oft besuchte und mit Lebensmitteln und Kleidern versorgte, erzählte, dass dieser Kirschbaum Nina heiße nach einem Flüchtlingskind aus Deutschland im Jahr 1943.

Der Baum stand vor meinem Fenster. Wer war Nina, lebte sie noch? War sie auch einmal in diesem Zimmer? Wurde sie auch «vorläufig» aufgenommen? Meistens saßen über Mittag Raben auf diesem Baum und krähten. Nach irakischem Aberglauben bringt das Krähen eines Raben Unglück.

Bevor Nosche ging, dachte ich, der Tod sei weit von den Menschen entfernt, die ich liebe. Jetzt quält mich die Vorstellung, dass meine Eltern sterben, ohne dass ich sie wiedergesehen habe. Nosches Leben war kurz, wie ein Meteor zog sie durch den Familienhimmel, sie leuchtete, und auch wenn sie bald erlosch, verlieh ihre kurze Zeit unserem Erdendasein eine neue Dimension.

An einem Sonntag im Dezember 2008 besuchte uns Frau Remer im Heim. Wir saßen mit ihr in der Küche. Sie war gekommen, um uns ein Angebot für die Weihnachtsfeier zu machen. Es gebe Familien, die bereit seien, für das Fest Flüchtlinge aufzunehmen, damit sie gemeinsam mit einer Familie feiern könnten. Man bekäme auch ein Geschenk von den Gastgebern, berichtete sie. Einige Mädchen trugen ihren Namen in die Liste ein, ich nicht. Dann wollte Frau Remer mit uns gemeinsam zu Abend essen, sie hatte alle Zutaten für eine Pizza mitgebracht. Ich mag Pizza.

«Ich mache den Teig», sagte ich in die Runde.

Ich hatte von meinem Vater gelernt, wie man guten Teig macht. Da meine Mutter an Gelenkschmerzen litt, musste er den Teig für das irakische Fladenbrot kneten. Oft saß ich neben ihm und sah zu, wie seine großen Hände den Teig hin- und herbewegten. Meine Mutter bedeckte den Teppich mit einem Tuch.

«Beim letzten Mal war der Teppich voller Krümel, und ich brauchte ewig, sie mit einem Löffel zu entfernen, eine gute Nachricht bekamen wir trotzdem nicht.»

Nosche und ich schauten sie verständnislos an.

«Vor der Ankunft einer guten Nachricht gebe es Signale, die diese ankündigen. Eines davon sei, wenn während des Teigknetens ein kleiner Krümel aus dem Gefäß springe», erklärte uns Vater.

«Wieso drehst du den Teig so beim Kneten?», wollte eine Mitbewohnerin wissen.

Ich gab ihr keine Antwort und machte weiter, es wollte aber nichts aus dem Topf springen.

Zwei Tage nach diesem Abendessen erhielt ich trotzdem eine gute Nachricht vom Migrationsamt. Ich erhielt den F-Ausweis. Immerhin, viel besser als N, damit durfte ich vorläufig in der Schweiz bleiben. «Dieser Entscheid könnte Ihr Gesuch, wieder in die Schule zu gehen, beschleunigen», meinte mein Anwalt von der Caritas.

Und so geschah es, Anfang Januar 2009 wurde mein Gesuch gutgeheißen. Ich konnte in die 2. Klasse der Sekundarschule in Frauenfeld eintreten. Ich las den Brief und traute meinen Augen nicht. Dieser Entscheid war für mich der Schlüssel zu einem neuen Leben. Ich spürte meine Schwester neben mir.

Die winterliche Sonne fing an, sich vom Wolkenschleier zu befreien, das goldene Licht durchflutete eine Reihe von Bäumen, als ich am ersten Tag wieder zur Schule ging. Auf dem Pausenplatz beschäftigte mich, was wäre, wenn jemand mich erkennen und fragen würde, warum ich die Schule verlassen hatte, wo Nosche sei, seit wann ich keinen Hijab mehr trage.

Vor dem Pult unseres Mathelehrers schaute eine Schülerin zu mir und fragte mich: «Stimmt das, dass die Flüchtlinge nichts zu essen haben?»

«Keine Ahnung, wieso fragst du mich?»

«Mein Vater sagt das immer, wenn ich das Essen zu Hause nicht mag. Stimmt es?»

Die Sportlehrerin kannte mich von früher. In den ersten Wochen hatte sie mich mehrmals mitleidig gefragt: «Geht es dir gut? Ist alles in Ordnung?» Einmal ging ich aufs WC, um zu schauen, wie ich aussehe.

«Wieso denken Sie, dass es mir nicht gut geht?», fragte ich zurück.

«Nein, nein. Ich wollte nur sicher sein, ob bei dir alles in Ordnung ist», erklärte sie reuevoll. Danach hielt sie deutlich Distanz zu mir. Sie tat genau das, was mein Vater tat, als er ein Regal in der Küche reparieren wollte, aber den falschen Nagel nahm. Nach ein paar Schlägen war er verbogen, und statt den richtigen zu suchen, tat er dasselbe mit einem anderen. Am Ende schlug er sich auf die Finger, warf die Nägel in den Abfall und flüchtete ins Schweigen.

Die meisten in meiner Klasse waren Migranten, und ich war mit siebzehn die Älteste. Ich weiß nicht, ob ich deswegen keine Freunde fand.

«Deine Klassenlehrerin meinte, du wirkest vorsichtig, und vielleicht stolperst du darum über dich selbst. Es ist gar nicht schlimm, bei einer Prüfung ein Blackout zu haben», beruhigte mich die Schulsozialarbeiterin.

Katrin erzählte mir, wie schwierig ihre Schulzeit war und wie ihre Mutter damit umging.

«Wenn es meiner Mutter zu viel wurde, ging sie zu ihrer Büchersammlung. Sie war eine Leseratte. Sie räumte ein paar Regale aus, staubte sie gut ab und räumte die Bücher wieder ein, aber anders. Einmal nach dem Alphabet, das andere Mal nach der Farbe oder der Größe. Jedes Mal nahm sie zwei Bücher heraus, warf eines ins Altpapier und las das zweite nochmals.»

«Warum tat sie das?»

«Meine Mutter meinte, das Leben gleiche einer

Büchersammlung. Man müsse beides immer wieder neu sortieren und Platz schaffen.»

Vieles brauche ich nicht mehr, ich schaffe es aber nicht, es wegzulegen, sagte ich mir.

Nach zwei Schuljahren wollte ich mit einer Lehre beginnen. Ich geriet in einen Strudel der Verzweiflung, weil ich oft keine Antwort auf meine Bewerbungen bekam oder nach einem gut verlaufenen Vorstellungsgespräch eine Absage erhielt.

«Mit einem F-Ausweis ist es schwierig. Sie müssen Ihr Glück bei der Stadt oder beim Kanton versuchen. Das ist viel einfacher als in der Privatwirtschaft», meinte eine Angestellte eines Architekturbüros.

Einmal bewarb ich mich auf eine Lehrstelle, erhielt aber keine Antwort, obwohl ich darum gebeten hatte. Eine Frau entschuldigte sich am Telefon: Sie könnten nicht alle Bewerbungen beantworten. «Keine Rückmeldung bedeutet eine Absage.»

«Darf ich schnell vorbeikommen, um meine Unterlagen zurückzuholen?»

«Ja, gerne.»

Auf dem Rückweg setzte ich mich auf eine Bank. Das ungelesene Dossier vermittelte mir das Gefühl, gar nicht wahrgenommen worden zu sein. Ich legte es auf die Seite und begann, die Passanten zu beobachten. Mir fiel auf, wie zwei Frauen mich anschauten, als ob sie meinen Kummer spürten. Ich kannte sie nicht, aber irgendetwas verband uns unmittelbar. Meine Mutter meinte: «Frauen können das Leid der Frauen besser empfinden. Sie merken, wenn jemand einen Felsen im Herzen trägt.»

Auf dieser Bank warteten Nosche und ich immer auf unsere Eltern, wenn sie von der Telefonkabine aus in den Irak telefonierten. «Wir wissen nicht, wie lange es dauert. Ihr bleibt da sitzen.» Mit diesen Worten ließ uns Mutter auf der Bank warten.

Ich warf einen Blick auf die Kabine, und plötzlich fehlte mir Nosche. Ich steckte meine Unterlagen wieder in meine Tasche und ging. Es begann zu regnen.

«Wenn der plötzliche Regen dich erwischt, sei achtsam und lass die ersten Tropfen über dich fallen, sie sind die glücklichen Tropfen, die vom Morgentau stammen», hatte meine Freundin Amina gesagt. Ich wäre bereit, den ganzen Winter unter dem Regen zu stehen, um glückliche Tropfen zu empfangen, dachte ich mir und beeilte mich. Ich beschloss, dem Rat dieser Angestellten zu folgen.

Alles dreht sich um die Sprache. Ganz am Anfang, als ich mit meiner Familie hier lebte, war die Frage, ob ich Deutsch könne. Die nächste Frage war, ob ich Schweizerdeutsch verstehe. Aber welche Fragen stellen sich die Arbeitgeber, wenn sie eine Bewerbung mit einem komischen Namen wie meinem vor sich auf dem Tisch liegen haben?

«Was ist mit dir los?», hielt mich Maisem auf der Treppe des Heimes an.

«Ich habe den Bus verpasst und hatte auch keinen Schirm dabei», antwortete ich genervt.

«Du bist nicht nur nass, sondern auch wütend.

Schimpfe, meine Liebe, wenn dich etwas bedrückt, es tut gut. Schimpfe auf Arabisch, es ist vielfältiger und klingt wie Musik!», rief sie lachend mir hinterher.

Ich schwieg oft, wenn mir Maisem mit so etwas kam. Sie meinte es nicht böse, sie nahm das Leben manchmal als Witz. Es war aber für mich kein Witz, wenn ich trotz der Mühe, die ich mir in der Schule gab, keine Lehrstelle fand.

Statt zu schimpfen begann ich, mein Bewerbungsschreiben umzuschreiben. Statt der standardisierten Formulierungen ließ ich Kleinigkeiten aus meinem Leben in der Schule und im Asylheim einfließen. Wer weiß schon, was Anderssein heißt? Aus einem Makel ließe sich vielleicht eine Stärke machen, dachte ich mir. Die Hoffnung ließ mich zwischen Deutsch und Arabisch wechseln – egal wie hoch die eine Sprache schwang, es zog die andere mit. Ich tauschte die Rollen: Das Glück wartete, und ich ging auf es zu. Mit diesem Gefühl bewarb ich mich um die Lehrstelle in der Mediathek in der Pädagogischen Hochschule Kreuzlingen.

«Es ist nicht üblich, in einer Bewerbung so persönlich zu werden, aber du hast es gut verpackt, es gefällt mir. Ich drücke dir die Daumen, dass sie dich einladen», sagte mir meine Deutschlehrerin, die meine Bewerbung redigierte.

Sie behielt recht, ich wurde zum Vorstellungsgespräch eingeladen. Und das Wunder geschah: Sie nahmen mich.

Etwa drei Monate lang musste ich zwischen Frauenfeld und Kreuzlingen pendeln, dann funktionierte der

Rollentausch ein weiteres Mal: Das Glück schien sich auf meine Seite zu schlagen. Ich erhielt ein Stipendium und konnte ein Zimmer in einem alten Haus in der Nähe des Theaters an der Grenze beziehen. In den Ferien arbeitete ich als Küchenhilfe in kleinen Restaurants am Seeufer, wo die meisten Gäste Radfahrer waren. Ich beneidete sie wegen ihrer Touren um den Bodensee. Mit dem F-Ausweis durfte ich die Schweiz nicht verlassen. Bis ich im Jahr 2012 meinen B-Ausweis erhielt, dachte Daniel, ich hätte ein Problem mit Konstanz, weil ich seinen Vorschlägen, nach Konstanz zu gehen, immer auswich.

«Bist du dort im Strafregister?» fragte er mich.

Nicht einmal das schaffte ich, ihm zu sagen.

Zwei Tage in der Woche ging ich nach Zürich in die Allgemeine Berufsschule. Diese Tage waren für mich wie Ausflüge in die freie Welt.

Seit meinem zweiten Leben in der Schweiz fiel mir auf, dass ich Orte und alltägliche Begegnungen ohne Hijab anders wahrnahm als früher. Auch die Sprache empfand ich anders. Ein paar Worte konnten sein wie ein Stacheldraht, an dem ich mich verletzte. Als es einmal schneite und ich meinen Kopf mit einer Zeitschrift schützte, sagte mir ein Betrunkener, der auf einer Bank saß: «Was machen Sie in diesem kalten Land? Es wäre besser, dort zu bleiben oder dahin zurückzukehren, wo es wärmer ist.» Ich gab keine Antwort. Hätte ich noch immer einen Hijab getragen, hätte ich sicher geweint.

In Zürich spürte ich die Vielfalt der Freiheit auf der

Haut. An Sommertagen hatte ich meine Badesachen in der Tasche. In der Mittagspause ging ich manchmal in der Limmat schwimmen, und auf der Wiese betrachtete ich die Wasserperlen auf meiner Haut. So, wie sie allmählich trockneten, verschwand auch der Fels, den ich im Herzen trug.

Auch in Kreuzlingen lagen wir auf einer Wiese. Wir wollten picknicken, aber bevor wir angefangen hatten, entschied meine Mutter, dass wir den Ort sofort verlassen müssten. Sie konnte es nicht ertragen, dass sich neben uns auf einer Bank zwei Verliebte küssten. «Ich hätte lieber ewigen eisgrauen Himmel als den Sommer in diesem Land», jammerte meine Mutter laut. Mein Vater begann, alle Sachen wieder einzuräumen, und schaute Nosche und mich grundlos streng an. Für meinen Vater war es in solchen Situationen nicht einfach, eine neutrale Miene zu zeigen. Dazu hatte eine Frau die ganze Szene beobachtet, sie kam zu uns und begann auf Englisch, uns etwas zu erklären, was wir nicht verstanden. Mein Vater forderte uns auf, schneller zu machen, wir dachten, es sei verboten und sie würde die Polizei rufen.

Meine Mutter war nicht die Einzige, die den Sommer hasste. Für viele Frauen, die ein Kopftuch tragen, ist die heiße Jahreszeit unangenehm. Die Frage nach dem Sinn des Kopftuches bekommt mehr Bedeutung im Sommer und lautet dann: «Wie kannst du die Hitze ertragen?» In der Schule waren Nosche und ich ständig damit beschäftigt, uns innerlich zu rechtfertigen. Einmal war ich mit Mutter unterwegs im Bus, als noch vier

Frauen einstiegen, auch sie verschleiert. Eine von ihnen war vollkommen verhüllt und redete mit ihrem Kind auf Arabisch. Beim nächsten Halt stieg eine unverhüllte Frau aus. «Ich fühle mich mit meinen Kleidern nackt, ich habe das Gefühl, mich verstecken zu müssen.» Mit diesem Satz verließ sie den Bus.

«Was ist mit ihr?»

«Nichts», antwortete ich meiner Mutter und wünschte, kein Schweizerdeutsch zu verstehen.

Im Dorf meiner Eltern trugen die meisten Frauen nicht nur ein Kopftuch, sondern einen Nikab oder eine Burka. Nosche meinte, das führe dazu, dass viele Frauen übergewichtig seien, weil niemand erfahre, wie ihre Körper aussähen. Aber irakische Männer mögen sowieso keine schlanken Frauen. «Ihr seht wie Skelette aus. Dünne Frauen bringen Kälte ins Schlafzimmer», hatte uns Mutter im Dorf eingeschärft.

In Kreuzlingen sah ich hin und wieder eine Schülerin der pädagogischen Maturitätsschule, mal mit einem Kopftuch, mal ohne. Einmal getraute ich mich, sie danach zu fragen.

«Ich trage es nur unterwegs zur Schule und auf dem Heimweg. Wer sollte meinen Eltern schon davon berichten? Ich bin die einzige Araberin, und meine Eltern kennen sowieso niemanden aus meiner Klasse», erklärte sie mir selbstbewusst. Der Trick war mir nicht ganz fremd. In der Sekundarschule tat eine aus Tunesien stammende Schülerin das Gleiche. Warum wir nicht? Wir hatten Angst. Mutter kam uns immer wieder auf dem Heimweg entgegen, und einmal sah ich sie sogar auf einer Bank auf dem Pausenplatz sitzen. Sie winkte mir lachend.

«Was hast du hier zu suchen?»

«Ich war in der Nähe und wollte nachsehen, ob ihr ein Pausenbrot dabeihabt.»

Was war der Grund, in unserer Schule aufzukreuzen? War mein Vater dabei? Wartete er draußen? Je älter wir wurden, umso mehr verfolgten sie uns mit ihrer Panik.

«Reize die Männer nicht mit deinen Früchten», sagte Mutter und schaute auf meine Brust. Wir waren in einem Kleidergeschäft.

«Ich liebe die blaue Farbe, sie bringt Wärme», scherzte Nosche und schaute sich die Unterwäsche an.

«Du solltest dich schämen», bemerkte Mutter. «Wir gehen», fügte sie hinzu.

Meine Mutter versteckte die Unterwäsche unter anderen Kleidern, wenn sie die Wäsche zum Trocknen aufhängte. Wie Unterwäsche auf Arabisch hieß, hatten wir von den Eltern nie erfahren, es war eines der vielen Worte, die aus der gesprochenen Sprache verbannt waren.

Meine Eltern fanden es sogar unanständig, wenn wir Eiskunstlauf schauten. Einmal schaltete mein Vater genervt den Fernseher aus. «Was ist Freiheit im Westen? Sie ist eine Art Irritation. Sie lässt einen stürzen, genau wie dieser Lauf, sinnlos und gefährlich. Kennt ihr das arabische Wort für Freiheit? *Huria,* und dieses Wort ist mit *haira* verwandt, dem arabischen Wort für Ratlosigkeit.» Wir schwiegen.

Noch immer zittern meine Finger und frieren meine Lippen, wenn ich an all das denke. Mein Kopf ist voller

Träume und Hoffnungen, und doch bin ich ein Vogel in einem Käfig, der genau weiß, warum ihm seine Flügel wehtun. Woher nehme ich andere Flügel?

Manchmal wachsen mir welche, ganz überraschend, ein Geschenk. Am Abend vor Daniels fünfundzwanzigstem Geburtstag kam ich von der Arbeit mit einem Geschenk für ihn und wollte es im Schrank verstecken. Er lag im Schlafzimmer auf dem Bett und las. Mit einem feinen Lächeln begrüßte er mich. Und plötzlich konnte ich es genießen, wie er mir beim Ausziehen zusah. Stück für Stück legte ich meine Kleider auf das Bett und schlüpfte neben ihn unter die Decke. Ich spürte seine Wärme und seine geschickten Hände, die er meinen Körper entdecken ließ. Wie beim ersten Mal.

Übermorgen verreise ich nach Salzburg, die erste Reise meines Lebens, dachte ich, denn die Flucht war ja keine Reise. Ich hatte mich auf das Bett gelegt und meine Fahrkarte daneben. Ich hatte nur die Hinreise gelöst. Ich wusste nicht, was dort sein würde.

Ein Anruf von Beyan riss mich aus meinen Gedanken. Auch ihm würde ich von meiner Reise nichts erzählen, dachte ich beim Abnehmen.

«Aida! Störe ich dich?»

«Nein, ich bin gerade nach Hause gekommen.»

«Du, ich reise bald in den Irak, und ich möchte dich vorher sehen. Ist das möglich? Hast du morgen oder übermorgen Zeit?»

«Was?»

Ich atmete tief ein. Beyan fragte, ob ich noch da sei.

«Ja, aber habe ich dich richtig verstanden? Du fährst in den Irak?»

«Ich muss, meine Tante, die letzte Überlebende meiner Familie im Dorf, liegt im Sterben. Sie wünscht, mich zu sehen.»

«Wann fliegst du?»

«Übermorgen von Zürich, und entschuldige, dass ich es dir so kurzfristig sage. Ich konnte erst gestern einen Flug nach Bagdad buchen.»

«Wann geht deine Maschine?»

«Samstag um dreizehn Uhr. Ich muss vorher in Zürich noch etwas erledigen. Wir könnten zwischen neun und zehn Uhr im Hauptbahnhof einen Kaffee zusammen trinken, wenn du Zeit hast.»

Ich war einverstanden.

Dann konnte ich nicht schlafen. Durch einen Spalt im Vorhang sah ich den Mond, der seinen Glanz ins Zimmer goss. Warum wollte Beyan jetzt nach vier Jahrzehnten in den Irak reisen? Gab es diese Tante wirklich? Oder hatte es etwas mit meinen Eltern zu tun? Mit Nosche? Mit mir?

Immer wieder, wenn ich beim Treffpunkt am Zürcher Hauptbahnhof bin, betrachte ich die große Uhr. Ihre Zeiger sind für mich wie scharfe Messer. Sie zerstückeln die Zeit und schicken Sekunde um Sekunde in die Geschichte.

Mein Handy klingelte kurz. Ich dachte, Beyan melde eine Verspätung, aber es war eine SMS von Daniel:

«Aida, wie geht es dir? Wie sehr ich dich vermisse! Heute Morgen sah ich deine Lippen auf einem roten

Apfel. Hast du meinen Kuss gespürt? Ich habe ihn dir geschickt, bevor ich hineingebissen habe. Kuss, Daniel.»

Das Wort «Kuss» erinnerte mich an den Anfang unserer Beziehung. Küssen in der Öffentlichkeit ist für mich schon immer schwierig gewesen. Ich fühle mich wie betäubt und kann nichts spüren, ich frage mich, wer uns jetzt sieht und was die Leute über mich denken. Der Kuss in offenen Räumen ist für mich ein Kampf gegen jemanden, den ich nicht sehe und kenne. Oder gegen meine Eltern im Irak.

«Hast du Fieber?», fragte mich Daniel, als er mich einmal in einem Café küsste.

«Nein, wieso denkst du?»

«Keine Ahnung, es ist unangenehm. Merkst du nicht, dass du frierst?»

Mit diesen Worten zog er sich von mir zurück.

Beyan stieg aus dem Zug, ich sah ihn sofort. Wie ein Vogel in einem Maisfeld schritt er anmutig zwischen den Reisenden auf mich zu. Strahlend hielt er in einer Hand einen Rucksack und winkte mir mit der anderen.

«Aida, meine Liebe, verzeih deinem alten Onkel, ich komme immer zu spät», umarmte er mich.

«Du bist weder alt noch zu spät», erwiderte ich und freute mich riesig, ihn zu sehen.

Im Café erzählte er mir von seiner Tante. «Sie ist meine Ziehmutter. Ich war zwei Jahre alt, als meine Mutter starb. Meine Tante hatte keine Kinder. Sie nahm mich auf, bei ihr bin ich groß geworden, und wegen mir und meiner Flucht musste sie viel leiden. Das letzte Mal habe ich sie gesehen kurz bevor ich vom Geheimdienst gesucht wurde. Am frühen Morgen verließ ich ihr Haus, sie schlief außergewöhnlich tief. Ganz leise schloss ich die Tür hinter mir, sie hat dieses eine Mal nicht geknarrt. In dem Moment wurde mir klar, dass meine Abwesenheit lange dauern würde. Aber jetzt ist es Zeit, sie wiederzusehen, und ich hoffe sehr, dass ich nicht zu spät komme.»

«Wie lange bleibst du dort?»

«Nur die zwei Wochen zwischen diesem Jahr und dem neuen. Am siebten Januar muss ich wieder zurück sein, ich habe dann wieder Dienst.»

«Wirst du meine Eltern sehen?»

«Ja, deinen Vater sicher. Er hat mich neulich wieder angerufen. Er hat sich ausführlich nach deinen Verhältnissen erkundigt. Er ist froh, dass es dir gut geht, und fragte mich, was du als Nächstes vorhast.»

«Was ich vorhabe? Was hast du ihm gesagt?»

«Nichts. Ich solle dir seine Frage überbringen.»

«Hat er von meiner Mutter berichtet?»

Beyan schwieg einen Moment. Ich merkte, wie mein Herz an seiner Antwort hängen blieb.

«Ist sie krank?», fügte ich ungeduldig hinzu.

«Nein, nein, ich weiß es nicht. Er hat nicht viel erzählt. Du weißt ja, dass geschiedene Paare im Irak nicht viel voneinander wissen. Dein Vater lebt allein und hat auch keinen Kontakt mit den Leuten. Nur Gott könne ihn retten. Auch dieses Mal hat er mich nach deiner Nummer gefragt. Dass ich ihm diese nicht gebe, versteht er nicht. Er hat das Telefonat ohne Abschiedsgruß beendet.»

«Ja, ich kenne meinen Vater, aber du kennst ihn wahrscheinlich besser als ich. Ich meine, es ist nicht das erste Mal, dass er mit dir den Kontakt abrupt abbricht. Du willst ihn aber trotzdem besuchen?»

«Ja», antwortete er zuversichtlich.

«Ehrlich gesagt, es wundert mich, was euch seit so vielen Jahren verbindet.»

«Ganz einfach: eine besondere Freundschaft, die unseren Kindheitstraum und unsere Liebe zum Dorf bewahrt. Wenn wir miteinander sprechen, erkennen wir darin die Worte, den Geschmack und das Gesicht unserer Kindheit. Wir beide brauchen diese Freundschaft, darum hat sie auch gehalten. Die Freude und das Staunen meiner Kindheit spüre ich darin noch immer.

Weißt du, wir sind zusammengewachsen. Dass dein Vater zu einer reichen Familie gehörte und ich als Waisenkind aufwuchs, hat sich auf unsere Freundschaft nicht ausgewirkt. Als dein Vater wusste, dass ich mich in Bagdad versteckte und aus dem Irak fliehen wollte, schickte er mir und meiner Tante im Dorf Geld. Das werde ich nie vergessen.

In der Schweiz waren unsere Meinungen fast immer verschieden. Dein Vater konnte sich nie vorstellen, dass eine gewisse Freude oder Zufriedenheit im Exil möglich ist. Die Flucht war für ihn ein Loch im Leben, durch das er alles betrachtete. Er ist aber nicht allein, wir Iraker haben keine Exilgeschichte oder -kultur. Wir scheitern meistens, wenn wir unsere Heimat verlassen. Im Exil verbringen wir die Zeit mit Warten auf die Rückkehr.»

«Und du, bist du kein Iraker?»

«Ich bin halb Iraker, halb Weltmensch und ganz Künstler. Dein Vater hat mich oft kritisiert, weil er den Ruf der Heimat bei mir nie hörte.»

«Gehst du auch nach Bagdad?»

«Ja, ganz kurz, um einen alten Freund zu besuchen. Ich hatte mit ihm damals Porträts auf den Straßen Bagdads gezeichnet, um zu überleben. Das letzte Mal, als ich ihn telefonisch erreichen konnte, war kurz nach dem Ausbruch des Krieges 2003. Ich hoffe nur, dass er noch immer im gleichen Haus wohnt.»

«Ist deine Tante jetzt im Spital?»

«Nein, sie ist zu Hause. Zuletzt machte ich ihr den Vorschlag, sie nach Jordanien oder in den Libanon zu schicken, damit sie eine bessere medizinische Versorgung erhält. Sie lehnte es ab. Ein Tag, ohne den alten Olivenbaum in meinem Garten zu sehen, mache den Krebs in ihrem Leib nur noch stärker. Sie liebt die Natur und nimmt sie wie Allah wahr. Manche Leute im Dorf denken, meine Tante sei Atheistin. Sie ist Analphabetin, aber in ihrem Glauben an die Natur ist sie wie der Dichter Hafis. Auch er betrachtete die Natur und die Sprache als einen Glauben, und als er starb, waren sich die Leute nicht sicher, ob sie zu seiner Beerdigung gehen sollen. Am Ende entschieden sie sich, auf seine Gedichte zurückzugreifen. Sie öffneten eines seiner Bücher und lasen: ‹Zögert nicht, zur Beerdigung von Hafis zu gehen. Er ist voller Sünden, aber er geht ins Paradies.›»

«Glaubst du an ein Paradies?»

«Nein. Für Hafis war das Paradies seine Sprache. Und

jetzt muss ich mich von dir verabschieden, Katrin wartet auf mich am Flughafen.»

«Versprichst du mir, dass du wieder zurückkommst?»

«Ja, versprochen!»

«Bitte, pass auf dich auf!»

«Ja, das tue ich. Manchmal muss man das Leben wie die Sufis nehmen, ungeplant fließen lassen, ihm die Chance geben, wie ein freier Baum zu wachsen. Ein wilder Wald ist auch schön, denn er kann nicht überall dornig sein. Was machst du diese Woche? Feierst du das neue Jahr mit jemandem in Basel?»

«Ja, ich feiere es, aber nicht in Basel.»

«Was kann ich für dich tun im Irak? Brauchst du etwas von dort? Bücher?»

«Nein, nichts. Aber darf ich dir etwas mitgeben?»

«Aber natürlich!»

«Was ist das, wenn ich fragen darf?»

«Das sind Apfelringe mit Schokolade für meine Eltern.»

Er hielt meine Hände einen Augenblick und schaute mich freudestrahlend an. Wir standen in der großen Halle vor den Gleisen. Beyan steckte mein Geschenk in seinen Rucksack, umarmte mich und ging.

Ich blieb stehen und folgte ihm, bis er den Zug zum Flughafen bestieg.

Zwanzig Minuten später fuhr mein Zug nach Salzburg, und ich holte mein Gepäck aus dem Schließfach.

Der Mirabellgarten

An was ich mich alles erinnere! Es ist, als suche ich in mir nach mir selbst. Ich habe einst beschlossen, den Traum vom freien Leben zu verwirklichen. Er bleibt für mich die Quelle der Hoffnung, flach und leise wie die Wellen des Euphrat fließt er in mir und treibt mich voran. Dieser Traum hat mir Kraft verliehen. Ich blicke zurück und merke, wie zwischen mir und mir etwas zusammenwächst.

Das Schreiben lässt meine Gefühle in Worte fallen, sie fallen wie glühende Kohlestücke in einen fließenden Bach, verursachen ein zischendes Geräusch, stoßen ein wenig Dampf zum Himmel empor und werden dann still vom Wasser weggetragen. Ich wünschte, ich könnte das Geräusch, den Dampf und die Stille in einer Sprache wiedergeben.

Vier Monate sind vergangen, seit ich begonnen habe, aus meiner Geschichte meine eigene Geduldpuppe zu weben. Ich liebe die Sprache. Wenn ich auf Arabisch denke und auf Deutsch schreibe, präsentieren sich meine Gedanken klar, und doch weichen viele Bilder meiner Sprache aus wie Zierfische einem neugierigen Blick. Die feine Kerbe zwischen Denken auf Arabisch und Schreiben auf Deutsch lässt etwas verloren gehen. Manchmal wirken meine Sätze wie die hölzern geratene Übersetzung eines ergreifenden Gedichts.

Manchmal habe ich versucht, das Windige in meinem Herzen auf Arabisch zu beschreiben, aber ich kämpfte so mit jedem Bild meiner Erinnerung, um den Klang der Worte heraufzurufen, dass sie mir in kleine Stücke zerbrachen und ihre Buchstaben sich wie scharfe Scherben in meine Seele bohrten. Es war nicht immer möglich, sie herauszuziehen, ohne wieder verletzt zu werden.

Vor etwa vier Wochen bin ich aus Salzburg nach Basel zurückgekommen. Die zweitägige Reise war für mich wie eine Ewigkeit. Noch immer lebe ich in der Atmosphäre dieses seltsamen Moments, als ich wieder im Mirabellgarten in Salzburg stand, am selben Ort, wo Nosche und ich vor zwölf Jahren waren.

In diesem Garten überlegte ich, wie wohl die alten Bäume die Zeit aus einem Winkel, den ich nicht kenne, erleben. Ich wollte so nah wie möglich an dem Ort sein, den Augenblick, das Gefühl spüren und die Stimme meiner Schwester hören wie damals, als wir unter diesen großen Bäumen einander versprachen, uns wieder hier einzufinden, wenn es uns gut ginge. Die Sehnsucht nach Nosche erfasste mich: Die Liebe stirbt niemals, sie wird auch nicht alt, dachte ich. Es war ein dichter Moment, in dem ich das Gefühl hatte, dass sich etwas in mir zurückzog und ein Ende nahm, um Platz zu schaffen, damit etwas anderes beginnen konnte.

Wie viele Stimmen wohnen in einem Baum?, fragte ich mich, als ich auf einer Treppenstufe am Eingang des Gartens saß. Ich zog mein Notizheft aus meiner Tasche, um ein paar Zeilen für Nosche niederzuschreiben. Welche Sprache könnte nun meine Tiefe ausdrücken, Arabisch oder Deutsch?, fragte ich mich. Ich entschied mich fürs Arabische und schrieb:

Wir sind zwei Sonnenblumenkerne. Du hast die Erde vor mir umarmt und den Weg zu ihrem Herzen gefunden. Eines Tages folge ich deinen Spuren, und irgendwo werden wir uns wieder treffen. Erinnerst du dich an das, was wir in kalten Winternächten in Ghom taten? Wir suchten Wärme unter der Decke unserer Mutter. Diese Wärme spüre ich jetzt wieder, genau an diesem Ort. Ich spüre dich, Nosche.

Als ich ihren Namen schrieb, hielt meine Hand unwillkürlich inne, als stünde ein kleiner Stieglitz auf meinen Fingern, und ich wollte nicht, dass er wegflog. Ich betrachtete, wie der Sonnenschein auf meine arabischen Worte fiel, und las mir meine Worte vor. Ich nahm das stille Rauschen des Gartens und die Nähe meiner Schwester wahr. Ein Durst nach Leben und Liebe brannte in meiner Seele. Ich richtete meinen Blick zum winterlichen Himmel, je länger ich blickte, desto lodernder wurde das Feuer in mir.

Am nächsten Morgen verließ ich das Hotel in Salzburg, in dem wir damals eine Nacht zusammen verbracht hatten, diesmal war ich allein. Der Neujahrsmorgen war kalt und neblig. Ein arabisches Märchen besagt: Der Nebel ist ein Schleier, den eine große Fichte in den Himmel wirft, um ihre Verzweiflung zu verbergen, wenn der Winter hart wird, denn dieser Baum will Hoffnung zeigen.

Im Zug nach Zürich zeichnete ich 2020 für das neue Jahr auf ein leeres Papier, das vor mir lag. «Diese Zahl stimmt mich sehr optimistisch, ich liebe Doppeltes, und das Fenster zwischen den beiden Ziffern 2 lässt mich eine Weite ahnen, in der ich etwas sehr Schönes sehe. Ich wünsche mir, dass ich dieses Jahr ruhiger lebe», schrieb ich unter meine Zeichnung.

Vor mir saßen ein Mann und eine Frau. Sie waren beide etwas über siebzig, der Mann wirkte unscheinbar und war mit seinem Handy beschäftigt. Die Frau war elegant gekleidet. Sie las in einem Buch, hin und wieder betrachtete sie aufmerksam die vorbeiziehenden verschneiten Landschaften, Wälder und Berge. Einmal legte der Mann seine Hand auf ihr Haar: «Ist alles in Ordnung?», fragte er sie liebevoll.

«Ja.» Sie lächelte ihn an und gab ihm einen Kuss.

Eine Szene wie aus einem Liebesroman.

Und ich? War alles in Ordnung bei mir? Ich empfand eine andere Stimmung. Ich weiß nicht, warum mir der Geschmack der Aprikosen in den Sinn kam und warum ich mich selbst anstarrte, als der Zug durch einen langen Tunnel fuhr und das Fensterglas zum Spiegel wurde. Ich betrachtete meine Haare und dachte an meine Mutter. Das vorzeitige Ergrauen habe ich von ihr geerbt.

«Früh zu ergrauen bedeutet, dass sich das Vergangene in einem Menschen stark zeigen will. Man sollte kein langes Haar haben, wenn man es nicht deutlich zeigen möchte», pflegte sie zu sagen.

Ich hatte keine Lust mehr, das Haar kurz zu tragen, ich hatte es ausprobiert. Irgendwann beschloss ich, mein Haar wachsen zu lassen und es nicht mehr zu färben. Für den Fall, dass ich völlig ergrauen sollte, hatte ich mir vorgenommen, einen Hut zu kaufen.

Am Bahnhof Feldkirch stiegen drei Grenzpolizisten mit einem Hund in den Zug. Langsam und prüfend gingen sie durch den Gang. Sie schauten in die Gesichter der Passagiere und ließen den Hund an allem schnüffeln. In meinem Waggon fragten sie niemanden nach dem Ausweis oder Pass. Ich überlegte trotzdem, was ich sagen würde, wenn mein B-Ausweis es doch nicht erlaubt hätte, die Schweiz zu verlassen. Meine Nervosität wuchs von Minute zu Minute. Ich fürchtete, dass der Hund es merken würde. Als sie an mir vorbeigingen, beschloss ich, nach meinem irakischen Personalausweis zu suchen.

Kurz bevor mein Zug den Zürcher Hauptbahnhof erreichte, fiel mir auf, dass ich die ganze Strecke rückwärts gefahren war. Wieso hatte ich vorher immer gedacht, dass mir beim Rückwärtsfahren schlecht würde?

Das Jahr 2020 begann für mich tatsächlich gut. Beyan rief mich aus dem Thurgau an, er war zurückgekommen. Als ich ihn in Frauenfeld traf, wirkte er aufgeräumt und gesprächig. Er war allein zu Hause, weil Katrin unterwegs im Tessin war.

«Deinen Eltern geht es nicht schlecht; beide sind gesund. Dein Vater hat mich ausführlich nach dir und deinem Leben befragt», teilte mir Beyan in ruhigem Ton mit.

Er gab mir eine handgenähte Tragetasche: «Pass auf, das sind Datteln, und sie stammen aus dem Garten deiner Großeltern. Deine Mutter hat sie für dich bereitgelegt, und deine Tante Karima hat mir diese Tasche mitgegeben. Ich fragte sie nach deiner Mutter, und sie erzählte mir, dass es ihr gut ginge.»

«Wieso kam meine Mutter nicht selbst, um dich zu sehen?»

«Oh, das weiß ich nicht. Ich habe auch nicht danach gefragt, aber deine Tante sagte mir, dass deine Mutter nicht mehr gern nach draußen gehe oder Gäste empfange. Sie lebe in dem alten Haus und habe ein Gemüsebeet angepflanzt, das sie pflege. Sie verbringe auch viel Zeit an ihrer Nähmaschine und besuche regelmäßig Nosches Grab. Das ist alles, was mir deine Tante erzählt hat.»

«Und wie geht es meinem Vater?»

«Er wirkte gesund. Ich sah ihn drei Tage nach meiner Ankunft im Dorf. Er kam zur Beerdigung meiner Tante und begleitete uns bis zum Friedhof. Ich wollte die ersten Tage niemanden sehen und nur mit meiner Tante die Zeit verbringen. Es war für mich sehr intensiv. Ich saß vor ihr und betrachtete ihren Atem und ihren tiefen Schlaf. Von Zeit zu Zeit öffnete sie ihre rechte Hand, als gebe sie jemandem etwas. Ab und zu wachte sie auf, schaute mich an, lächelte oder sprach ein Wort und versank wieder in den Schlaf. Beim letzten Mal sah sie aus, als ob sie voller Energie weiterleben wollte. Sie sagte mir, dass sie mich lieb habe und dass sie glücklich sei, weil sie mich sehe. Ich sei der Einzige ihrer Familienangehörigen, der ihr geblieben sei. Das Haus gehöre mir, und ich dürfe damit machen, was mich glücklich mache. Eines wünsche sie sich noch von mir, nämlich, dass der alte Olivenbaum stehen bleibe. Sie bat um einen Schluck Wasser und kehrte wieder zum Schlaf zurück. Für immer.»

«Es tut mir leid. Ich kann mir sehr gut vorstellen, wie schwer das für dich war.»

«Danke, Aida. Übrigens, bevor ich es vergesse. Etwas muss ich dir noch geben.»

Beyan verließ das Wohnzimmer, wo wir am Tisch saßen. Ich dachte, er würde mir einen Brief von meinem Vater aushändigen. Er kam aber mit einer kleinen, gelben Schachtel zurück und legte sie neben die Datteln auf den Tisch.

«Das gab mir deine Tante Karima für dich mit, es sei von deiner Mutter», sagte er zu mir.

Ich öffnete die Schachtel und traute meinen Augen nicht, als ich ihren Ring darin sah. Ich hatte ihre Hand noch nie ohne diesen Ring gesehen. Ich nahm ihn und steckte ihn an meinen rechten Ringfinger. Er passte genau, und mich überkam das Gefühl, die Hand meiner Mutter zu sehen. Schweigend und unter Tränen berührte ich den hellgrünen Stein und betrachtete den Glanz. Eine Träne kullerte über meine Wange.

«Es tut mir leid. Glaub mir, deiner Mutter geht es gut. Das hat mir Karima versichert. Mehr zu erfahren war ich nicht in der Lage. Mit deinem Vater wollte ich eigentlich ein Treffen vereinbaren. Die Trauer über meine Tante lag aber wie eine schwere Hand auf uns, und ich konnte nicht loslassen. Abgesehen vom Tod meiner Tante schockierte mich die Lage im Irak. Sie machte mich traurig. Wie das Dorf aussah und wie die Menschen lebten, war wirklich schwer zu ertragen. Sie wirkten, als ob ihr Leben nicht ihnen selbst gehöre. Die Zerrissenheit und der Hass zwischen Sunniten und Schiiten hat das Land in eine neue Diktatur geführt. Viele Leute beschäftigten sich mit Banalitäten. Sie lachen nicht mehr. Stell dir vor, eine islamische Partei im Dorf stoppte den Bau einer Mädchenschule, weil auf dem angrenzenden Feld drei hohe Palmen standen. ‹Diejenigen, die hochklettern, könnten in die Schule hineinsehen›, begründeten sie das Bauverbot.»

«Hoffentlich werden die Palmen nicht gefällt, um den Bau zu bewilligen», sagte ich.

«Es ist ein hoffnungsloses Dilemma», sagte Beyan und stockte. Ich hatte ihn noch nie so niedergeschlagen gesehen.

«Aber konntest du wenigstens Bagdad besuchen?», versuchte ich die Stimmung zu retten.

«Ja, ich blieb drei Tage dort. Ich habe dir doch erzählt, dass ich einen ehemaligen Freund suchen wollte. Die Adresse stimmte nicht mehr. Er soll zu Beginn des Bürgerkrieges 2005 untergetaucht sein. Wo er jetzt ist, wussten die Nachbarn nicht. Auch die Stadt, die ich kannte, ist nicht mehr da. Bagdad existiert nur noch in meinem Kopf, habe ich festgestellt. Als ich vor mehr als drei Jahrzehnten Bagdad verließ, war die Stadt wie ein leuchtender Orangenbaum. Die Kriege löschten sein Licht und trockneten seine Wurzeln aus.»

Mir fehlten die Worte, um Beyan zu trösten.

«Und was ist mit der Jugend, die dort seit Monaten gegen die islamischen Parteien protestiert?», bohrte ich weiter.

«Ja, die jungen Menschen sind die Hoffnungsträger. Es ist aber traurig, weil die Milizen und die Angehörigen ihrer Parteien die Demonstrationen mit Gewalt und Brutalität bekämpfen. Ohne internationale Hilfe kann diese Jugend leider nichts ändern.»

«Konntest du meinem Vater die Apfelringe übergeben?», wechselte ich das Thema.

«Ja, sicher. Er freute sich, und kaum teilte ich ihm mit, sie seien ein Geschenk von dir, öffnete er die Packung und aß einen. Aida, ich weiß, du hättest gerne mehr von ihm erfahren, aber es ist mir nicht gelungen, das alles zu bewältigen und mit den Leuten zu reden. Mit dem Tod meiner Tante zerbrach etwas in mir, was ich noch nicht fassen kann. Aber ich reise bald wieder hin. Vielleicht im Frühling. Als Buschauffeur werde ich demnächst einen neuen Fahrplan erhalten. Dann kann ich planen und vielleicht zwei Wochen Frühlingsferien nehmen.»

«Würdest du mir bitte Bescheid geben, falls du wieder hingehst?»

«Ja, ich mache es. Versprochen!»

Beim Abschied fragte ich Beyan, ob er noch mit seinen Verwandten Hasiba und Sabri, mit denen ich aus dem Irak geflohen war, Kontakt habe.

«Weißt du, ich wollte nur wissen, was mit meinem irakischen Personalausweis geschah.»

«Nein, ich habe seit mehr als drei Jahren den Kontakt zu ihnen verloren. Es ist mir auch aufgefallen, dass am Trauertag meiner Tante ein Beileidsschreiben von ihnen gefehlt hat. Ich versuche aber, sie wiederzufinden.

Du hörst von mir so bald wie möglich», sagte mir Beyan und umarmte mich vor seiner Tür.

Inzwischen sind drei Wochen vergangen. Falls ich von Beyan nichts höre, erkundige ich mich bei der irakischen Botschaft, was man braucht, um einen irakischen Pass zu beantragen.

Heute Morgen stand ich gut gelaunt auf, es ist Donnerstag, der 6. Februar 2020, der Tag, an dem ich mein erstes Arbeitsjubiläum feiern kann. Fünf Jahre in der Bibliothek liegen hinter mir. Ich erinnere mich an mein Vorstellungsgespräch in der Medienabteilung der Universität Basel. Es war kurz, und ich konnte meine Nervosität kaum unterdrücken.

Ich öffnete das Küchenfenster, eine winterliche Sonne breitete sich über den Dächern aus und ließ deren dünne Schneeschicht langsam schmelzen. Ich lächelte. Ich sah meine Nachbarin im Fenster, eine alte Dame im Sessel, ihr Hund lag auf dem Teppich zu ihren Füßen und döste, sie strickt auf diesem Stuhl seit eh und je etwas in roter Farbe.

Eine sanfte Zufriedenheit breitete sich in mir aus. Ich spürte die Wärme und hob meinen Blick hinauf zum Himmel. Das tiefe Blau zeigte sich wie eine offene Tür, die zum breiten Weg meines Traumes führt.

Ich kochte mir einen arabischen Kaffee mit Kardamom und setzte mich auf meinen Stuhl am Esstisch.

Vor mir liegen mein Laptop und ein Teller Süßigkeiten, die ich gestern zubereitet habe. Es sind kleine Kugeln aus den Datteln meiner Mutter mit Sesam, Kardamom, Anis und Rosenwasser. Meine Mutter bereitete uns diese irakische Süßigkeit immer in dieser Jahreszeit zu. *Wedaa al schtah* nannte sie es auf Arabisch, «der Abschied des Winters». «Abschied darf man jederzeit nehmen», antwortete sie mir, als ich sie einmal fragte, wieso sie diese Süßspeise zubereite, obwohl es erst Februar war.

Auf dem Bildschirm lese ich in meinem lang gewordenen Text. Willkürlich bewege ich die Maus und ziehe den Text mal hinauf, mal hinunter, er rollt vorüber wie die Landschaft, die ich damals im Irak aus dem fahrenden Auto betrachtete. In diesen weiten Feldern befinden sich viel Liebe, Hoffnung, Enttäuschung, Verzweiflung, Tod, Träume und Geduld. Ich bin verunsichert und frage mich, wo ich jetzt selber stehe in diesen endlos weiten Textfeldern. Aber das ist nicht wichtig. Wichtig ist, dass sich vor mir ein langer Weg befindet. Und dass ich eine Hoffnung habe, die den Frost zwischen mir und der Welt um mich herum beseitigt und mir etwas Leichtigkeit gibt.

Ich drucke den Text aus und lasse ihn neben dem «Abschied des Winters» liegen. Heute beginnt eine neue Phase in meinem Berufsleben. Ich gehe zur Arbeit, und in der Zwischenzeit kommt Daniel zurück.

In der Fremde sprechen die Bäume arabisch

Usama wartet auf das Ergebnis seines Asylverfahrens und darauf, dass die Fremde etwas weniger fremd wird. Vor allem aber auf Nachricht von seinem Bruder, der in Bagdad spurlos verschwunden ist. Nur wenig erfährt er von seinen Verwandten, die sich im Irak auf die Suche nach seinem Bruder begeben. Die zähen Tage ohne Gewissheit nagen an seiner Kraft. Unerwartet findet Usama Trost in der Natur. Im Wald schafft er es, sich selbst zuzuhören, streut seine Worte über Blätter und Äste, bewundert die Kraft eines Stammes. Langsam lernt er, der Stille aus der Heimat das Geräusch des Waldes entgegenzusetzen, der auch in der Fremde seine Sprache spricht. In einer persönlichen Geschichte erzählt Usama al Shahmani von Bruchstücken einer Heimat, von Hoffnung und dem Wunsch nach Sicherheit.

Im Fallen lernt die Feder fliegen

Aidas Freund lässt nicht locker, wenn es um ihre irakische Herkunft geht. Er will wissen, warum ihre Familie geflohen ist, doch Aida hat keine Antworten für ihn. In ihrer Not beginnt sie zu schreiben, was sie nicht sagen kann, lässt ihre Gefühle in arabische Buchstaben und deutsche Worte fallen. Geboren in einem iranischen Flüchtlingsheim, kam sie mit ihren Eltern und ihrer großen Schwester in den Westen. Doch was ihr zur Heimat wurde, blieb ihren Eltern stets fremd. Als Aidas Vater beschließt, in den Irak zurückzukehren, müssen die Schwestern mit – und werden empfangen von einem Land, mit dem sie nichts verbindet. Usama Al Shahmani erzählt vom Fremdsein, vom Ankommen, vom Zurücklassen. Und von diesem einen Fenster der Hoffnung, das sich niemals schließt.

»Usama Al Shahmani findet die Balance – er beschönigt nichts, sieht aber zugleich immer das Schöne.« *SRF*

Usama Al Shahmani

Der Vogel zweifelt nicht am Ort, zu dem er fliegt

Dafer Schiehan hat es geschafft. Trotz negativen Asylbescheids hat er Deutsch gelernt, eine Arbeit gefunden, eine Aufenthaltsbewilligung erhalten. Er hat eine kleine Wohnung am Rande von Weinfelden und eine Arbeit in Kreuzlingen als Tellerwäscher. Aber eigentlich ist er Akademiker. Eigentlich ist er ein politischer Flüchtling, geflohen vor Saddams Schergen wegen eines missliebigen Theaterstücks. Hals über Kopf geflohen, mit der finanziellen Unterstützung seiner Familie. Als der Betrieb ihm Ferien verordnet wegen Umbaus, sitzt er in seiner Wohnung, schaut aus dem Fenster und grübelt. Seinen Eltern hat er nie gesagt, was er arbeitet. Auch als er es nicht mehr ausgehalten hat in seinem Exil und zurückgereist ist zu seiner Familie in den Irak, ist er im Vagen geblieben. Warum hat er ein schlechtes Gewissen? Wovor hat er Angst? Wie soll es weitergehen? Auf der Flucht vor seiner inneren Unruhe findet er sich wieder im Wald.

In seinem neuen Roman erzählt Usama Al Shahmani von den Verwüstungen einer Kindheit und Jugend in Diktatur und Krieg, vom Exil und dem Verschwinden einer Welt, die einst Heimat war.

»Seine Erzählungen sind mitreißend, tiefgründig und voller Humor.« *St. Galler Tagblatt*